위안부 문제를
아이들에게
어떻게 가르칠까?

[한국 편]

위안부 문제를 아이들에게
어떻게 가르칠까? [한국 편]

초판 1쇄 인쇄 | 2021년 4월 5일
초판 1쇄 발행 | 2021년 4월 12일

지은이 방지원
기획 진행 손성실
편집 조성우
디자인 권월화
용지 월드페이퍼
제작 성광인쇄(주)
펴낸곳 생각비행
등록일 2010년 3월 29일 | 등록번호 제2010-000092호
주소 서울시 마포구 월드컵북로 132, 402호
전화 02) 3141-0485
팩스 02) 3141-0486
이메일 ideas0419@hanmail.net
블로그 www.ideas0419.com

ⓒ 생각비행, 2021
ISBN 979-11-89576-76-9 43910

위안부 문제를
아이들에게
어떻게 가르칠까?

한국 편 방지원 지음

생각비행

나는 왜 일본군'위안부'에 관한 책을 쓰려고 마음먹었을까?

일본군'위안부' 연구자도 전문가도 아니고, '위안부' 문제 해결을 위한 운동에 나서 본 적도 없는 내가, 이 문제에 대해 어떤 말을 보탤 수 있을까? 책을 쓰는 내내, 그리고 책이 세상에 나온 지금도 여전히 마음속에 묵직하게 남아 있는 물음이다.

나는 역사교육 연구자이며 역사교사가 되고자 하는 대학생들과 매 학기 '역사교육'에 관한 수업을 하는 선생이다. 좋아하는 역사를 깊게 공부하고 싶어서, 다른 과목보다 성적이 좀 잘 나와서, '올바른 역사'를 가르치는 사람이 되고 싶어서 …… 저마다 다른 출발점에서 역사교사의 길을 상상하는 학생들에게 내가 해 줄 수 있는 것은 '역사교사로서 품고(안고) 가야 할 자기만의 질문 목록을 만들도록 안내하는 역할'이라고 믿어 왔다. 역사와 역사교육에 대해 교사가 던지는 질문이, 그가 어떤 교사인지, 어떤 교사로 살 것인지를 결정한다고 생각하기 때문이다.

'미래를 향한 과거와 현재의 끊임없는 대화'라는 역사의 의미, 과거를 지배하는 자가 현재와 미래를 지배한다는 서늘한 통찰, 그리고 과거를 기억하고 기념하는 일의 중요성 등은 익숙한 듯 낯설고, 잘 아는 것 같지만 막상 대답하려면 말문이 막히는 공부거리이다. 이 공부거리와 씨름하기가 학생들의 몫이라면, 공부거리를 잘 담아낼 수 있는 역사적 주제를 찾아 학생들이 교감할 수 있도록 준비하는 것은 나의 몫이다.

2년 전, 나는 일본군'위안부'라는 살아 있는 역사, 과거와 현재, 미래의 시간이 뒤엉켜 있음을 그대로 느낄 수 있는 이 주제를 다뤄 보기로 마음먹었다. 일본군'위안부'는 여성과 민족, 계급(층), 국가, 그리고 세계라는 역사 인식의 층위가 겹치고 충돌

하고 경합하며, 역사와 현실 정치가 첨예하게 부딪히는 투쟁의 장이기도 하다. 학생들이 일본군'위안부'라는 민감하고 부담스러운 과거사와 만날 수 있는 방법을 나름대로 고민해 보고, 함께 읽을 수 있는 자료를 모았다. 그런데 일본군'위안부'는 처음 생각했던 것보다 훨씬 더 '거대하고 험한 산'과 같은 주제였다. 학생들은 스스로 잘 안다고 여기는 듯했지만, 실제로 확인해 보면 민족 감정에 기초한 피상적인 이해에 그치는 경우가 대부분이었다.

그러다 보니, 일본군'위안부' 문제와 학생들의 '만남'이 성공적이지는 못할지언정, 처참하게 실패하지 않으려면, 여러 자료로부터 얻을 수 있는 지식과 정보에 어느 정도의 맥락을 잡아 줄 필요가 있었다. 그래서 학생들과 함께 읽을 글을 쓰게 되었다. 짧지 않은 시간 동안 학생들을 만나 온 경험에 기대어 보면, 역사에 대한 학생들의 관심은 현재의 시선으로 과거를 보는 데서 출발한다. 그 시선은 다시 현재를 지나 미래로 향한다. 그래서 글의 첫 장은 오늘날 일본군'위안부' 문제를 둘러싼 상황과 쟁점들, 즉 현재에 살아 있는 과거로서 이 문제를 살피는 데서 출발했다. 다음 장은 일본군'위안부' 문제가 발생했던 과거의 시공간으로 옮겨 갔다. 오늘날 우리가 안고 있는 문제의 기원을 역사적으로 따지며, 일본군'위안부'라는 역사적 사건을 이해하는 데 중점을 두고자 했다. 이어지는 장은 해방 이후 일본군'위안부' 피해자들의 고통스러운 삶, 오랜 침묵을 깨고 전쟁범죄에 맞서 싸운 피해자들과 그들을 돕고 지지했던 사람들의 이야기를 담고자 했다. 마지막 장에서는 일본군'위안부'에 대한 기억과 기념을 둘러싼 감동과 역사 부정, 아프고 비극적인 역사를 기억해야 하는 이유와 역사에 대한 책임에 대해 생각해 보고자 했다.

그렇게 쓰인 글을 정리해서 세상에 내놓게 된 것이 이 책이다. 역사교사가 되려는 학생들을 위한 글이다 보니, 자연스럽게 일본군'위안부'에 대한 중·고등학생들의 눈높이와 관심사를 어떻게 담을지도 고민했다. 최대한 글을 풀어서 쓰려고 했지만 아쉬움이 많이 남는다. 일본군'위안부'라는 주제가 워낙 무겁고 복잡해서 다가가기에 녹록하지 않기 때문이기도 하고, 욕심껏 정보를 눌러 담아서 더 그렇게 되었다. 그래도 일본군'위안부'

문제에 관심이 있는 중·고등학생들과 함께 읽을 수 있지 않을까 한다.

글의 내용은 사회학, 여성학, 역사학 등 여러 분야의 연구자들이 쌓아 놓은 성과로부터 가져왔다. 구술 증언집을 정리해 주신 연구자와 단체에도 빚을 졌고, 일제강점기 일본 (공)문서를 번역해 놓은 성과도 염치 불구하고 빌려 왔다. 잘못 빌려 와 연구자들께 누가 될까 걱정스럽다. '지식의 소매상' 역할도 제대로 하기가 어렵다는 걸 절절히 배우고 느꼈다. 역사교육 연구자로 내가 보탠 것은 요즘 학생들과 일본군'위안부'를 만나게 하는 아이디어, 이야기의 틀거리이다. 그런 의미에서 이 책은 일본군'위안부'를 어떻게 역사교육의 교재로 만들 것인가에 대한 내 나름의 제안이라고 할 수도 있다.

이 책을 정리하면서 빚진 곳이 또 있다. 2020년 역사교육연구소의 '역사부정연구모임'에서 치열하게 공부하시는 여러 선생님들의 논의 과정을 곁에서 볼 수 있었기에 가닥을 잡을 수 있었다. 원래 이 책은 학교 현장에서 평생 역사를 가르치며 안동대학교에도 출강하시는 남한호 선생님과 같이 준비했다. 비록 글을 쓰시지는 못했지만, 책 안에는 남한호 선생님의 조언과 아이디어가 녹아 있다. 번번이 약속을 어기는 필자를 견뎌 주시고 예쁜 책을 만들어 주신 생각비행 출판사와 거칠고 거친 '읽기 자료' 모양의 초고와 과제의 늪에서 고생한 경북대학교 역사교육과 학생들에게도 감사할 뿐이다. 덕분에 이제 좀 더 나은 글로 과제를 낼 수 있지 않을까 한다.

육신은 세상을 떠났어도 우리의 문화 속에, 기억 속에 늘 함께하실 '할머니'들을 생각한다. '여성으로 살아간다는 것'을 온몸의 감각으로 느끼며 당당하게 자기의 삶을 꾸려가는 딸 민경이, 그리고 그녀와 함께 세상을 열어 갈 다음 세대가 '전쟁이라는 범죄'를 통해 평화를 상상하는 작은 창이 될 수 있기를 간절히 소망한다.

2021년 4월
방지원

차례

첫 번째 이야기

살아 있는 과거, 일본군'위안부'

- 함께 생각할 거리-

○ 오늘날 일본군'위안부'는 어떤 문제일까?

○ 일본군'위안부' 문제는 어떻게 세상에 알려졌을까?

○ 일본군'위안부'에 대한 일본 정부의 태도는 어떠한가?

세계에서 가장 오래 지속된 평화 시위

대한민국 서울 종로, 옛 주한 일본대사관 앞에서 매주 수요일 오전이면 평화로운 시위가 열린다. 모두가 '수요시위'라고 부르지만, 정식 명칭은 '일본군 성노예제 문제 해결을 위한 정기 수요시위'이다. 1992년 1월 8일, 처음 시작되어 한 주도 거르지 않고 지금까지 계속되어 왔다. 매주 수요일 아침이면 비가 오나 눈이 오나 날씨가 좋거나 궂거나 교복 입은 학생, 청년, 나이 지긋한 어른, 시민단체 운동가, 종교인, 외국인까지 일본대사관 앞에 하나둘 모여든다. 그리고 일본군'위안부' 피해자 할머니들이 도착하면 수요시위가 시작된다. 첫 시위부터 30년 가까운 시간이 흐르는 동안 변함없이 한목소리로 외쳐 왔다.

1992년 1월 8일, 첫 번째 수요시위

2011년 12월 14일, 1000번째 수요시위에 참석한 일본군'위안부' 피해 할머니들과 〈평화의 소녀상〉(뒷줄부터 시계 방향으로 김순옥, 박옥선, 길원옥, 김복동 할머니)

하나, 일본 정부는 조선인 여성들을 군'위안부'로 강제 연행한 사실을 인정하라. (전쟁범죄 인정)

둘, 만행의 전모를 스스로 밝혀라. (진상 규명)

셋, 그것에 대해 공식적으로 사죄하라. (공식 사죄)

넷, 피해자에게 배상하라. (법적 배상)

다섯, 책임자를 처벌하라. (책임자 처벌)

여섯, 희생자를 위해 추모비를 세워라. (추모비와 사료관 건립)

일곱, 이러한 잘못을 되풀이하지 않기 위해 역사교육을 통해 이 사실을 가르쳐라. (역사 교과서에 기록)

시위가 계속되자 처음에는 무관심했던 시민도 함께하기 시작했고, 점점 더 많은 사람이 힘을 모아 일본 정부에 책임 있는 행동을 요구했다.

1000번째 수요시위가 있던 날, 〈평화의 소녀상〉(평화비)이 일본대사관 건너편에 설치되었다. 소녀상은 제2차 세계대전 중 일본 군부와 일본 정부가 만들고 운영한 위안부 제도에 희생된 여성들을 상징한다. 한국, 북한, 중국, 일본, 필리핀, 인도네시아, 타이완, 네덜란드 등 국적은 달라도 〈평화의 소녀상〉은 제국주의 일본이 저지른 전쟁범죄의 피해자들을 모두 함께 기억하고 다시는 같은 일이 반복되지 않도록 하자는 약속이자 다짐이다. 일본대사관 앞 소녀상을 시작으로, 이 문제의 해결을 염원하는 사람들이 저마다의 마음과 뜻을 모아 세계 곳곳에 소녀상을 설치했다.

2016년 1월 6일, 1212번째 수요시위가 서울, 부산, 울산, 광주, 마산, 제주 등 전국 15개 도시에서 열렸다. 일본 도쿄의 총리 관저와 외무성 앞, 미국, 독일, 프랑스 등 13개국 40개 도시에서도 집회와 1인 시위가 있었다. 세계 곳곳에서 시위에 참여한 이들은 2015년 12월 28일의 '한일 위안부 합의'를 비판했다. 두 나라 정부는 일본군'위안부' 피해 여성들의 생각을 충분히 듣지 않고 '화해와 용서'를 결정했다. 정부가 일방적으로 '화해와 용서'를 결정하고 피해자에게 따르도록 해서는 안 되고, '합의' 내용이 피해자와 지원 단체에서 오랫동안 주장하고 요구해 온 사항들을 제대로 담지 못했으며, 일본군'위안부'는 한국과 일본 두 나라만의 문제가 아니기 때문에 '합의'에 대해 분노하는 사람이 많았다.

1212번째 수요시위에서 피해자 이용수 할머니는 다음과 같이 말했다.

역사의 산증인 이용수입니다. …… 어린 초등학생이 이 추운 날 맨땅에 앉아서 …… 내가 해결하지 않으면, 우리 후손들에게 (책임이) 돌아가니까. …… 우리 후손들에게 책임을 넘기지 않기 위해 저는 앞장서서 싸우고 해결하겠습니다. 제 나이 89세, 운동하기 딱 좋은 나이입니다.

1400번째 수요시위(2019년 8월 14일)는 일곱 번째 〈일본군'위안부' 피해자 기림의 날〉을 기념하여 열렸다. 2012년 12월 타이완에서 열린 〈제11차 일본군'위안부' 문제 해결을 위한 아시아 연대회의〉에서 8월 14일을 '세계 위안부의 날'(김학순의 날)로 정했다. 8월 14일은 김학순이 처음으로 자신의 이름을 공개적으로 밝히면서 위안부 피해 사실을 증언한 날이다(1991년 8월 14일). 세계 여성 단체들은 매년 기림일을 맞아 위안부 문제 해결을 촉구하는 다양한 캠페인과 국제적인 연대 집회를 열고 있다. 2017년 12월에는 '일제하 일본군'위안부' 피해자에 대한 보호·지원 및 기념사업 등에 관한 법률' 일부 개정안이 통과되면서 〈일본군'위안부' 피해자 기림의 날〉이 국가기념일이 되었다.

학생들은 수요시위의 단골손님이다. 초등학생, 중·고등학생

2018년 일본군'위안부' 피해자 기림의 날 촛불문화제

들이 친구, 선생님과 함께 현장을 찾아 피해자들의 생생한 목소리에 귀를 기울였다. 이들은 역사책과 교과서 속의 이야기가 아닌 살아 있는 과거, 우리 곁에서 숨 쉬는 역사로 일본군'위안부'를 만나고 피해자들의 아픔을 함께 나누며 미래를 위한 교훈을 찾고자 했다. 수요시위는 피해자, 학생, 시민이 연대하는 공간, 살아 있는 역사교육의 공간, 여성 인권과 평화를 함께 희망하고 외치는 공간이자 국경을 넘어선 연대의 상징이 되었다. 이제 수요시위는 그 자체로 우리 모두의 소중한 역사이다.

김학순'들', 일본의 '전쟁범죄'를 고발하다

내 나라 잃어버려 억울한 일을 당할 수밖에 없었던 사람이 이렇게 살아 있는데, 일본에서는 그런 일이 없었다고 하니 가슴이 떨려 말을 할 수가 없습니다. (1991년 8월 첫 증언)

일본이 전쟁을 했기 때문에 피해당한 나라가 한두 나라야? …… (내 소원은) 일왕한테 그때 일은 자기네가 잘못했다. …… (1997년 7월 마지막 증언)

1991년 8월 14일, 당시 67세의 한국 여성 김학순이 얼굴과 이름을 세상에 밝히고 자신이 일본군'위안부' 피해자임을 증언했다. 김학순이 세상에 나서기 전에도 일본군'위안부'에 대해 사람들이 모르지는 않았다. 하지만 누가 피해자인지 알지 못했고 피해자들이 어떻게 사는지에 대해서도 대부분 무관심했다. 이러한 상황에서 김학순의 증언은 그 자체가 충격적인 사건이었다. 1945년 제2차 세계대전이 끝나고 일본의 식민 지배로부터 해방된 지 46년, 거의 반세기 만에 얼어붙었던 과거가 되살아나기 시작했다.

1991년 8월 14일, 한국정신대문제대책협의회(정대협)가 마련한 기자회견장에서 증언하는 김학순

1970~1980년대 일본 국회에서는 위안부 문제에 대한 질의가 몇 차례 있었다. 그때마다 일본 정부는 당시 위안소가 민간업자에 의해 운영되었기 때문에 일본 정부와 군부는 어떤 관련이나 책임도 없다고 답변했다. 1991년에도 의회에서도 같은 식의 답변이 이어졌다. 김학순은 이러한 일본 정부의 태도에 더 이상 침묵할 수 없어서 증언에 나섰다고 말했다.

1931년 일본은 만주를 침략했다. 이후 일본군이 현지 여성들을 강간, 살해하는 사건이 빈번하게 일어났다. 중국인들의 반일 감정이 크게 높아지는 데다 성병에 감염된 병사들이 늘어나 전투력이 떨어진다고 판단한 군부는 그 해결책으로 위안소를 설치했다. 1937년 일본이 중국과 전면전을 시작하면서 위안소는 일본군 부대가 있는 곳이면 어디든 설치되었다.

처음에는 성매매를 직업적으로 하는 일본 여성들을 위안부로 동원했지만, 곧 식민지 조선과 타이완의 '젊고 건강하고 성병에 걸리지 않은' 여성들을 위안부로 동원하기 시작했다. 중국 여성들도 예외일 수 없었다. 전쟁이 태평양과 동남아시아로 확대되자 전선을 따라 위안소도 늘어났다. 일본군이 점령한 필리핀, 말레이시아, 인도네시아, 동티모르 등의 여성들도 위안부로 동원되었다.

얼마나 많은 여성이 일본군'위안부'로 동원되었을까? 대략 8~20만 명 정도로 알려져 있지만, 정확한 인원을 파악하기는 어려운 상황이다. 일본의 역사학자로 일본군'위안부'의 진실을 밝히는 데 앞장서 온 요시미 요시아키는 5~10만 명으로 추정했다. 일본 우익의 대표적 학자로 꼽히는 하타 이쿠히코는 6~9만 명으로 추정했다가 2만 명으로 수정했다. 중국 난징의 위안부기념관 초대 관장을 지낸 쑤즈량은 36~40만 명으로 추정했다. 이 추정 수치들은 전쟁 기간 동원된 일본군을 250~300만 명으로 보고 여러 조건을 고려하여 계산한 결과이다. 인원수나 규모가 어떠하든, 숱한 여성이 제국주의 국가 일본에 의해 삶이 송두리째 망가지는 모진 피해를 보았다는 사실 만큼은 달라지지 않는다. 피해 규모도 중요하지만 일본이 전쟁범죄를 저질렀다는 사실 자체가 중요하다.

김학순의 증언은 오랫동안 숨죽이며 살아 온 피해 생존자들에게 용기를 불어넣었다. 각국의 생존자들도 이 고통스러운 문제가 자신의 잘못이 아니라 가해자인 일본 제국주의 탓임을 깨닫고 용기를 내어 피해 사실을 '말하기' 시작했다.

한국에서는 문옥주가 두 번째로 자신을 세상에 드러내며 피해 사실을 증언했다. 한국의 일본군'위안부' 피해 신고자는 2019년 기준 240명(여성가족부 기준, 2021년 3월 15명 생존)이다. 시민단체, 활동가, 연구자들이 피해자들의 증언자료집을 만들어 기록했다.

북한에서는 1992년 5월 평안도의 리경생이 자신이 일본군'위안부'였다고 털어놓았고 '종군위안부 및 태평양전쟁피해자보상대책위원회'가 설립되었다. 북한의 일본군'위안부' 피해 신고자는 2000년 기준 218명으로 알려졌으며 1995년에 증언집《짓밟힌 인생의 웨침》이 발간되었다.

중국에서는 산시성 피해자인 완아이화, 허우둥어, 류멘환 등이 증언에 나섰고 타이완, 인도네시아, 필리핀, 네덜란드, 일본 등 각국의 피해 생존자들이 자신이 겪은 참상을 낱낱이 고발했다. 각국 피해자들은 그들을 지원하는 모임이나 단체와 함께 일본 정부를 상대로 피해 배상을 요구하는 법정 투쟁에 나서기도 했다. 고통의 기억을 벗어던지고 마음속 깊은 상처를 치유하며, 인간으로서 존엄과 명예를 회복하여 남은 삶을 당당하게 살아가기 위해서였다.

김학순의 증언을 계기로 한국에서는 '수요시위'가 닻을 올렸다. '한국정신대문제대책협의회'(이하 정대협)가 앞장서서 피해자를 돕고 수요시위를 이끌며 여러 단체와 함께 일본군'위안부' 문제를 국제사회에 알리고자 노력했다.

김학순의 증언은 일본 사회에도 충격을 주었다. 그때까지 참전 군인의 글이나 남성들의 입을 통해 일본 사회에 퍼져 나간 일본군'위안부' 이미지는 여성의 인권과는 거리가 멀었고 위안부 제도가 전쟁범죄라는 인식도 거의 없었다. 주오中央대학의 요시미 요시아키는 역사학자로서 위안부 문제를 밝히고 알리는 데 앞장섰다. 그는 당시 방위청 방위연구소 도서관에서 〈군위안소 종업부 등 모집에 관한 건〉이라는 제목의 문서를 발견했다. 요시미 교수는 문서를 분석하여 일본군'위안부' 모집과 위안소 설치 및 관리에 일본 군부가 깊게 관여하고 있었다는 사실을 확인했다. 1992년 1월 11일, 《아사히신문》이 이 내용을 보도했다. 요시미 교수의 발견은 일본 정부가 일본군'위안부' 조사에 착수하는 중요한 계기가 되었다.

한국 정부도 일본 정부를 향해 일본군'위안부' 문제의 조사와 해결을 촉구했다. 일본 정부는 자체 조사를 거쳐 1993년 고노 요헤이 관방장관 이름으로 담화를 발표했다. 그 유명한 '고노 담화'이다(1993년 8월 15일). 고노 담화는 일본군 위안소 설치에 일본 군부가 직간접적으로 관여했다는 점, 피해 여성들 가운데 본인 의사를 무시하고 동원된 사례가 다수 있다는 점, 관헌이 동원에 직접 가담했다는 점 등을 인정했다. 1995년에는 종전 50주년을 맞아 '무라야마 담화'가 발표되었다. 무라야마 담화(1995년 8월 15일)는 식민지 지배와 침략으로 많은 나라, 즉 아시아 여러 나라 사람들에게 막대한 손해와 고통을 안겨 준 사실에 대한 통렬한 반성과 사과를 표명했다. 고노 담화와 무라야마 담화는 한계가 있을지언정, 일본 정부가 침략 전쟁과 식민지 지배를 피해자 입장에서 바라보기 시작했다는 점에서 의미 있는 변화였다.

정신대, 위안부, 군대 성노예

지금까지 어떤 용어로 일본군'위안부' 피해자들을 칭해왔을까? 지금은 위안부라는 표현을 많이 사용하지만 시민단체 활동가나 학자들은 '성노예', '군대 성노예'라는 표현을 자주 사용한다. 위안부, 성노예, 정신대라는 호칭에는 각각의 역사적 배경이 있다.

위안부라는 용어는 제2차 세계대전 당시 일본군이 사용했다. 일본 군부의 문서에 위안소라는 명칭이 등장하고, 이곳으로 강제 동원된 여성들이 '천황의 병사'인 '황군'에게 위안을 제공한다면서 위안부라 불렀다. 그러니 위안부라는 호칭은 '그 당시 불렸던 대로'라는 의미에서 역사적 용어라 할 수 있다. 하지만 역사적 용어라 해서 그대로 쓸 수는 없다. '위안慰安'이란 본래 긍정적이고 따뜻한 뜻을 가진 단어이다. 그러나 위안부慰安婦라는 호칭은 철저하게 일본군 입장에서 사용한 것으로 피해자들을 전쟁 도구, 성적 도구로 삼은 사실을 감춘다. 심지어는 '위로를 해준다'면서 미화하기까지 한다. 그러나 피해자들에게는 자신의 의사와 관계없이 동원되어 감금된 처참한 상태에서 이뤄진 지속적 성폭력이었다. 이런 이유에서 피해자들이 실제로 겪은 일과 상관없이 전쟁 당시 일본군이 그렇게 불렀다는 의미로, 역사적 표현이라는 점을 나타내기 위해 ' '(작은따옴표)를 붙이고, 이러한 전쟁범죄를 누가 저질렀는지 분명하게 드러내기 위해서 앞쪽에 일본군을 쓴다.

일본에서는 종군위안부라는 표현을 많이 사용했다. 일본 정부가 위안부와 군부의 관련성을 인정하지 않고 부정하려 할 때, 이에 맞서 활동하던 사람들이 둘 사이의 관련성을 강조하기 위해서 사용했다. 그런데 '종군'이라는 단어에는 스스로 군대를 따라 전쟁터로 나갔다는 의미가 담겨 있기 때문에 사용하면 안 된다는 비판이 일어났다. 종군간호사, 종군기자, 또는 백의종군 등의 단어를 떠올려 보면 쉽게 알 수 있다.

네덜란드 국적의 여성 얀 루프-오헤른은 아시아태평양전쟁이 막바지에 도달했을 때 인도네시아의 민간인 억류소에 머물다가 일본군에 연행된 위안부 피해자이다. 오헤른은 김학순의 증언을 접하고 깊은 고민 끝에 평생 감춰 왔던 자신의 위안부 피해 사실을 드러내기로 결심했다. 그는 '위안부', 'comfort woman'으로 불리는 것을 단호히 거부했다.

오헤른은 자신의 끔찍한 경험을 어떤 단어로 표현하길 원했을까? 바로 '일본군 성노예Military Sexual Slavery by Japan'였다. 오

1942년 스마랑 사건 직전의 얀 루프-오헤른Jan Ruff O'Herne(1923~2019)의 모습(좌)과 그녀의 증언 기록을 담은 책(우). 일본군과 위안소업자들은 1944년 17~28세의 네덜란드 여성 35명을 강제 연행하여 스마랑의 위안소에 감금, 강간했다.

헤른은 '위안부'라는 표현은 피해자들이 감내해야만 했던 극한의 상황, 즉 연일 거듭되는 성폭행, 심각한 정신적 폭력, 육체적 학대 같은 고통을 반영하지 못한다고 생각했다.

한편 '군(대) 성노예'는 유엔UN에서 채택한 용어이다. 김학순의 증언이 있던 1991년, 유럽 발칸반도에서는 (구)유고슬라비아 연방의 해체와 함께 민족들 사이의 대립과 갈등이 내전으로 폭발했다. 여러 해 동안 내전이 계속되면서 다른 민족을 아예 없애 버리려는 '인종 청소'로 집단 살상, 방화 등으로 수십만 명이 목숨을 잃었다. 상대 민족을 인종 청소하기 위한 도구로 강간이 계획적으로 자행되기도 했다. 이에 경악한 유엔은 무력 갈등 지역에서 벌어지는 성폭력과 함께 일본군'위안부' 문제에 관심을 가지게 되었고, 인권위원회에서 이 문제를 조사하도록 했다.

1996년 라디카 쿠마라스와미Radhika Coomaraswamy 유엔 여성폭력문제 특별보고관이 유엔 인권위원회에 제출한 보고서에서 '위안부Comfort Woman'가 아니라 '전쟁 중 군대 성노예제military sexual slavery in wartime'라는 용어를 사용해야 한다고 강조했다. 국제사회는 아시아태평양전쟁 동안 일본군이 국가 권력을 이용하여 꼼꼼하게 계획하고 관련 제도와 규정을 만들어 실행에 옮긴 위안부 제도에 큰 충격을 받았다.

1998년 유엔 인권소위원회에 일본군'위안부'에 관한 최종 보고서가 제출되었다. 이 조사를 책임지고 진행한 게이 맥두걸 Gay McDougall 유엔 인권소위원회 특별보고관은 위안소comfort stations를 '강간 수용소Rape Centers'로, 위안부를 '강간 성폭력을 당한 성노예'로 바꿔 불러야 한다고 잘라 말했다.

이 보고서들은 일본군'위안부' 제도가 여성에 대한 전쟁범죄임을 분명히 밝히고 가해 국가로서 책임이 있는 일본 정부가 취해야 할 조치를 상세하게 권고했다.

정대협도 2018년 7월 '일본군 성노예제 문제 해결을 위한 정의기억재단'과 통합하면서 '일본군 성노예제 문제 해결을 위한 정의기억연대'로 이름을 바꾸었다. 그러나 '성노예'라는 표현에 불편함을 느끼는 피해자도 있음을 유의해야 한다.

1990년 무렵, 일본군'위안부' 문제가 알려지기 시작했을 때에는 피해자들을 '정신대 할머니'로 칭하는 일이 드물지 않았다. 정신대란 '천황의 국가를 위해 솔선하여 몸을 바친 부대'라는 뜻이다. 장기간 전쟁으로 부족한 일손을 메우기 위해 노무동원 봉사대로 동원된 민간인 남녀 노동부대였다. 의사들의 진료 봉사단은 '인술정신대', 일본어 보급을 위한 단체 파견은 '국어보급정신대', 그 밖에 '증산운동정신대', '보국정신대', '부인농촌정신대'처럼 흔하게 사용되었다. 일제강점기를 경험한 세대에게 '정신대'는 퍽 익숙한 용어였다.

일본 정부는 1943년 〈여자근로동원 촉진에 관한 건〉을 결정하여 1944년 '여자정신근로령'을 발표했다. 이에 따라 수십만 명에 달하는 조선 여성을 일본을 비롯한 각지의 군수공장으로 데려갔다. 그런 중에 위안부 모집원들이 여자정신대 모집을 구실 삼아 어린 여성들을 취업을 미끼로 유혹하여 위안소로 보내는 일이 종종 발생했다. 정신대로 동원되었다가 위안소로 끌려간 사례도 있었다. 정신대와 위안부는 다른 것이었지만 이런 사정 때문에 당시 조선 사람들은 정신대가 곧 위안부라고 생각하기도 했다. 그래서 해방 이후에도 한동안 위안부 피해자들을 정신대 할머니라고 불렀다.

쿠마라스와미 보고서

일본군'위안부' 문제 해결을 위한 국제적 시민운동은 '쿠마라스와미 보고서'로 결실을 보았다. 이 보고서는 유엔 차원의 첫 일본군'위안부' 보고서이다.

쿠마라스와미 보고서는 "제2차 세계대전 중 일본이 저지른 행위에 대한 위안부 피해자들의 증언과 항의는 책임자를 처벌하지 않는 것에 대한 문제" 제기이며, 피해자가 자신의 이름을 밝히며 나서기까지 한 경우에 대해 "소수 생존자가 죄책감과 수치심, 그리고 강간 피해자에게 뒤따르는 사회적 낙인을 극복"하기 위해서라고 설명했다. 또한 피해자의 요구는 "무력분쟁 상황에서 여성에게 가해진 폭력을 국가가 어떻게 책임져야 하는지 미래를 위한 틀을 제기"하는 것이라고 밝혔다. 일본군'위안부' 문제는 과거의 문제가 아닌 과거, 현재, 미래에 걸쳐 있으며, 이러한 종류의 범죄에 대한 법적 선례가 될 것이라는 인식을 분명히 했다.

식민지와 점령지 여성에게 가해진 폭력

일본군'위안부'에 대한 관심이 크게 높아지자, 두 가지 쟁점이 떠올랐다. 하나는 위안부를 일본 정부나 군이 '강제 동원'했는가이고, 다른 하나는 위안부가 당시 일본 공창제의 성매매 여성(매춘부)과 어떻게 다른가이다.

일본 정부는 국가가 전쟁범죄의 가해자가 되는 것을 피하려고 애초부터 강제의 뜻을 아주 좁혀서 주장했다. 국가 총동원법에 따라 법의 강제로 이뤄진 동원과 경찰이나 군인이 총칼로 위협하면서 끌고 가는 '노예 사냥'의 경우만을 강제 동원으로 인정하겠다는 속셈이다. 애당초 위안부를 동원하는 법이 존재하지 않았으니, 일본 정부 측이 주장하는 강제 동행은 군과 경찰이 여성을 눈앞에서 '억지로 끌고 가야만' 성립하는 좁디좁은 의미가 된다.

그러나 국제사회의 기준은 다르다. 피해자들이 '자기 의사에 반反하여' 가게 되었다면 강제 동원이라고 본다. 돈을 많이 벌수 있게 해 준다고, 공장에 취직시켜 준다고, 전쟁터에 가면 여자 혼자서도 잘살 수 있다고, 군인 식당에서 밥하고 빨래하는 일이라고, 부상병을 치료하는 간호일을 하게 된다고 해서 모집업자를 따라 나선 피해자들과 위안부로 일하게 되리라곤 짐작도 못 한 상태로 취업 사기나 인신매매에 걸려들어 일본군의 위탁을 받은 위안부 모집업자를 따라 전쟁터로 가게 된 피해자들은 강제 동원된 것으로 본다.

1993년의 고노 담화를 통해 일본 정부는 강제 연행, 강제 동원 사실과 군의 직간접적인 관여 사실을 공식적으로 인정했다. 그러나 일본의 우파 정치인, 연구자 등은 군과 관헌에 의해 동원되었다는 강제성을 보여 주는 공문서가 없다는 주장을 반복하고 있다.

더 중요한 점은 피해 여성들에게 가해진 '강제'라는 폭력이 동원 과정에만 해당하지 않는다는 사실이다. 위안부는 위안소에 감금되었고, 강제로 원하지 않는 끔찍한 노역을 감당해야 했다. 원하지 않는다고 해도 벗어날 수 없었다. 말을 듣지 않으면 폭행을 당하거나 목숨을 잃기도 했다. 군대가 이동하면, 군용 트럭에 실려 강제로 이동해야 했다. 쿠마라스와미 보고서가 말한 '전쟁 중 군대 성노예제' 그대로였다.

일본 우익 인사들은 위안부는 공창제*와 같고 공창제는 성

---

*　포주가 여성의 성을 팔고 남성이 사는 것을 국가가 합법적으로 묵인하고 강제로 성병을 검사하여 관리하는 제도

매매 여성이 원하면 언제든 폐업할 자유를 보장했으므로 자기 의사에 따라 '영업'을 계속한 위안부에 대해서 일본 국가의 책임이 없다고 주장한다. 그러나 여러 연구에 따르면 군부에서 기획하여 만들고 관리한 위안부 제도와 민간의 유곽을 정부가 관리한 공창제는 모두 폐업의 자유를 보장하지 않았다. 공창 제도와 위안부 제도가 닮은 점이 있다면 자신의 의지로 벗어날 수 없다는 것이었다. 위안부들이 위안소에서 자유롭게 영업하며 돈을 벌었다는 주장 또한 사실이 아니다.

생명을 위협받는 노예가 주인에게 좋은 표정을 짓는다고 해서, 고분고분하게 굴었다고 해서, 몇몇 주인이 노예에게 작은 친절을 베풀었다고 해서, 운이 좋아 위안소를 탈출한 몇몇 사례가 있다고 해서 노예제의 본질을 가릴 수 없다. 노예제가 비인간적, 반인권적이라는 사실도 달라지지 않는다.

일본군'위안부' 문제는 가해국 일본과 피해국 한국이라는 좁은 틀로 다루면 안 된다. 피해자들은 대부분 식민지나 점령지 여성이었다. 일본 여성들도 위안부로 동원되었지만 식민지 조선과 타이완, 전투가 벌어지고 일본군이 점령했던 중국, 인도네시아, 미얀마, 필리핀 등지에서 동원된 여성들의 피해가 압도적이었다. 그 여성들 중 대다수는 빈곤에 시달리던 계층의 딸이었다. 그들은 가족을 부양하고, 스스로 먹고살기 위해 일자리가 필요했기 때문에 취업 사기에 쉽게 넘어갈 수밖에 없었다.

남존여비를 바탕으로 한 가부장적 가족제도의 영향도 가볍게 지나칠 수 없다. 나라마다 차이가 있겠지만 여성을 남성보다 열등한 존재로 대하는 문화가 뿌리 깊었고, 여성의 종속과 희생을 요구하는 사회 분위기가 강했다. 이런 점들이 피해 여성들의 삶을 더욱 힘겹게 했다는 사실도 무겁게 받아들여야 한다.

일본 우파의 일본군'위안부' 공격

1992년 일본 문부성에 제출된 고등학교 세계사 교과서 검정 신청본 가운데 일본군'위안부' 문제에 관해 서술한 책이 검정을 통과했다. 1995년에는 고등학교 일본사 교과서가 검정을 통과했다. 근린제국조항*이 검정 통과의 근거였다. 1997년에는 중

●　　　근린제국조항近隣諸國條項은 1982년 일본 교과서 검정 기준에 신설된 조항이다. 당시 미야자와 기이치 관방장관은 교과서에 쓰인 일본이 아시아 각국을 '침략'한 게 아니라 '진출'했다는 표현이 비난을 받자, 담화를 통해 "근현대의 역사적 사상을 취급하면서 국제 이해와 국제 협조의 견지에서 필요한 배려를 하겠다."고 밝혔다.

학교 사회 교과서가 문부성 검정을 통과했다.

그러나 1996년 무렵부터 일본 우익 인사들의 위안부 공격과 비난이 빈번해졌다. 일본군'위안부'를 강제로 동원했다는 증거가 없다는 정치인이나 고위 관료의 망언이 줄을 이었다. 이들은 일본 정부가 외교 실패로 한국에 굴복하여 고노 담화가 나왔다고 주장했다. 《산케이신문》과 같은 일본 보수 언론과 미디어들도 '일본의 역사 교과서는 자학적'이라고 비판했다. 청일전쟁 이후의 일본 역사를 침략의 역사라고 가르치는 역사교육은 자학적이기 때문에 역사 교과서를 국익에 도움이 되도록 다시 써야 한다는 논리가 강력하게 떠올랐다.

이러한 주장을 펼치는 사람들이 1996년 '새로운 역사 교과서를 만드는 모임'(이하 새역모)을 결성했다. 여기에 일부 자민당 의원들이 동조하고, 사회 각계각층 인사들이 지원했다. 새역모의 핵심 인사인 도쿄대학의 후지오카 노부카쓰 교수는 일본군'위안부'가 업자를 따라 전쟁 지역에 일하러 갔던 성매매 여성이고, 전쟁 지역이라는 특수성 때문에 군이 위안부를 수송하고 위안부를 보호하는 역할에 '관여'했지만 '경영'하지 않았으며 강제 연행도 없었고, 교과서에서 위안부를 다루는 것은 일본 국민에게 무의미하고 해롭다고 주장했다.

일본의 젊은 층은 일본군'위안부' 문제를 비롯한 한국과의 관계에 대체로 무관심했으나 2000년대 이후 '한류' 열풍으로 한국 대중문화를 일상적으로 접하게 되면서 한국과 일본 간 역사 갈등 문제에 관심을 보이기 시작했다. 2000년 이후 중학교 역사 교과서에서 위안부에 관한 기술을 삭제하면서 젊은 세대가 이 문제를 배우고 생각할 기회가 훨씬 줄어들었다. 그러는 사이 '넷 우익'을 중심으로 한국과 중국에 대한 혐오 현상이 퍼져

2007년 발족한 일본의 극우 단체인 '재일 조선인들의 특권을 용납하지 않는 시민의 모임'(재특회) 회원들이 2016년 1월, 도쿄 긴자 거리에서 '위안부 합의 규탄 국민 대행진'이라는 명목으로 시위를 벌이는 모습. 이 시위에 반대하는 카운터 시위대는 이들을 따라가며 '인종차별주의자는 돌아가라'는 구호를 외쳤다.

나갔다. 위안부 피해자나 피해국을 폄하하는 캠페인이 전개되기도 했다. 2012년 제2차 아베 정권이 들어서면서 이러한 현상은 더욱 심각해졌다.

한국에서는 민주화의 진전에 따라 인권과 여성 문제에 대한 사회적 관심이 높아졌다. 헌법재판소(2011년)와 대법원(2012년)에서 위안부 피해자의 주장을 받아들인 판결이 잇달아 나오면서 한국과 일본 정부의 대응을 비판하는 목소리가 높아졌다.

일본에서는 한국 내 비판 여론을 '일본 국가', '일본 민족'에 대한 공격으로 받아들여 반발하는 여론이 일어났다. 우파 논객과 정치인들은 이를 한국의 '부당한 공격'에 대한 일본의 '맞서기'라고 선전했다. 새역모, 재특회, 일본회의* 등이 우파 네트워크를 형성하고, 각기 다른 활동을 하면서도 서로 연결되어 위안부를 부정하는 주장을 전파하고 있다.

아베 내각은 국제사회에서 일본군'위안부'를 일본의 지위와 체면 문제, 한일 간의 경제협력을 방해하는 문제로 끌고 가려고 했다. 〈평화의 소녀상〉도 한국의 반일 정치 공세라고 폄하

---

*   1997년 5월 30일 창립된 일본 최대 규모의 극우 단체이다. '일본을 지키는 국민회의'와 '일본을 지키는 모임'이 통합해 발족했고 일본의회 국회의원 간담회라는 관련 산하 단체가 있을 정도로 정치계에 영향력이 크다.

하며 깎아내린다. 또한 고노 담화를 검증해서 부정해 버리려고 시도했다. 그러나 정부의 검증 팀이 검증한 결과 보고는 아베의 희망과 달리 '(고노 담화의) 내용이 타당한 것'으로 판단하고 마무리되었다(2014년 6월).

일본 우파의 역사전*歷史戰, 무엇을 주장하는가?

다음 글은 누가 언제 어떤 목적으로 썼을까?

슬픈 일이지만 제2차 세계대전 중 많은 여성이 가혹한 고통을 경험했다. 우리는 이 역사적 사실에 깊은 유감을 갖고 직시하고자 한다. 동시에 하원 결의안이 주장하는 20세기 최대 인신매매 사건의 하나이며 젊은 여성들에게 성노예제를 강제한 것으로서 일본 육군이 유죄라는 주장은 매우 지나치며 의도적

* 일본 우파들은 위안부 문제에 대한 자기들의 주장을 국제 무대, 특히 미국을 주무대로 삼아 퍼뜨려 유리한 국제 여론을 만들려고 한다. 그들은 이런 활동을 '역사전'이라고 부른다.

인 진실 왜곡이라는 점을 우리는 지적하고자 한다. 결국 역사가 하타 이쿠히코가 학술 논문에서 상세하게 기술하고 있듯이 전시에 약 2만 명의 위안부 중 5분의 2가 일본 여성이었다. 무엇보다 먼저, 우리는 미국의 시민과 진실을 공유하고 싶다. 실제로 일어난 사건에 대한 비판은 겸허하게 받아들여야 한다. 그러나 사실무근의 중상모략과 명예훼손에 대한 사죄는 시민에게 역사적 사실에 대한 잘못된 인식을 심어줄 수 있고 일·미 간의 우호에 부정적 영향을 가져올 것이다. 우리는 올바른 역사 인식을 공유하기 위해 사실을 객관적으로 볼 것을 요구한다.

이 글은 2007년 6월 14일 《워싱턴포스트The Washington Post》에 게재된 〈THE FACTS사실〉라는 제목을 단 광고 내용의 일부이다. 일본군'위안부'에 대해 일본 육군의 책임은 없으며 대다수의 위안부가 일본 여성이었고, 한국을 비롯한 피해국과 국제사회의 비판을 사실무근의 중상모략이라고 주장한다. 그 무렵 미국 하원에서는 일본군'위안부'에 대한 일본 정부의 태도를 비판하고 해결을 촉구하는 결의안을 준비하고 있었다. 이 광고는 미국 하원의 결의안을 막기 위해 '역사사실위원회'라는 단체가 나서서 실은 것이었다.

2007년 6월 14일, 《워싱턴포스트》에
실린 광고 〈THE FACTS〉

광고에서 주장하는 다섯 가지 '사실'이란 무엇일까?

첫째, 일본군'위안부'에 강제성이 없었다는 것이다.

여성들이 자신의 의지에 반하여 일본 육군에 의해 매춘을 강
요당했다는 것을 적극적으로 보여 주는 역사학자와 조사기관

에 의한 역사적 문서는 지금까지 하나도 발견되지 않았다. 정부와 군 지도자가 내린 전시 명령을 소장하는 아시아 역사자료센터의 조사에서도 여성들이 위안부 일을 하기 위해 강제로 끌려갔다는 것을 증명할 자료가 전혀 없다는 사실이 밝혀졌다.

강제성을 보여 주는 일본 육군의 공문서가 없기 때문에 강제성이 없었다는 주장이다.

둘째, 한 신문 기사의 내용을 들어 여성에 대한 반인도적 범죄를 엄중 단속한 것이라고 주장한다.

조선에서 발행된 《동아일보》 1939년 8월 31일자에는 여성의 의지에 반하여 위안부가 되도록 강제한 업자가 당시 일본의 지배하에 있던 현지 경찰에 의해 처벌 받는다고 보도되었다. 이것은 여성에 대한 비인도적인 범죄를 일본 정부가 엄중하게 단속했다는 것을 보여 주는 증거이다.

신문 기사의 내용이 그대로 역사적 사실을 반영한다는 주장은 허술하기 짝이 없다. 신문 기사의 내용은 당시 상황에 비추어 숨어 있는 의미까지 비판적으로 읽어야 한다.

셋째, 여성을 강제로 위안소로 끌어간 경우가 있지만, 그것은 아주 예외적이었다고 주장한다. 극히 일부의 경우를 제외하고 강제 동원이 없었다는 것이다.

네덜란드령 동인도(현 인도네시아) 스마랑에서 어느 육군 부대가 젊은 네덜란드 여성들을 강제로 연행해 위안소에서 일을 시켰다. 그렇지만 이 위안소는 사건이 밝혀지고 나서 육군 명령으로 폐쇄되었고 관련 장교들은 처벌을 받았다. 여기에 관여했던 자와 기타 전쟁범죄자는 그 후 네덜란드 법정에서 재판을 받고 처형을 포함한 무거운 벌을 받았다.

스마랑 사건은 국제적으로 널리 알려졌고 재판을 통해 범죄 사실이 인정되었기 때문에 도저히 일본이 부정할 수 없는 사례이다.

넷째, 생존해 있는 피해자들의 증언을 믿을 수 없다는 것이다.

마이크 혼다 의원이 중심이 되어 제출한 일본군의 위안부 학대에 대한 하원 결의 제121호와 그 밖의 고발은 대부분 위안부 생존자의 증언에 근거를 두고 있다. 그녀들의 최초 진술에는 육군이나 일본 성부 기관에 의해 강제적으로 사역했다는 언급이 없다. 그러나 반일 캠페인 개시 후 그녀들의 증언은 극적으로 바뀐다. 하원 공청회에서 증언한 사람들은 처음에는 업자에게 연행당했다고 증언했지만, 나중에는 유괴한 자가 경찰 제복과 같은 옷을 입고 있었다고 주장하고 있다. 즉 위안부들의 증언은 역사적 사실을 입증하는 사료나 증거로서 신뢰성이 없다는 것이다.

생존 피해자들의 증언을 믿을 수 없기 때문에 일본군'위안부'는 사실무근이라는 주장이다.

다섯째, 위안부는 '성노예'가 아니라 스스로 매춘을 선택하여 돈을 번 직업여성이었고 수입도 많았다는 것이다.

그녀들은 당시 국제사회 어디에나 존재하던 공창제도하에서 일했다. …… (장군보다) 수입이 더 많았다. 그리고 그녀들의 대우가 좋았다는 사실을 증명하는 많은 증언이 있다. 이 여성들에 대한 폭력 행위 때문에 처벌된 병사들의 기록이 있다.

이 광고는 일본의 의도와는 정반대로 미국인들이 반발하면서 하원의 결의안 가결을 촉진했다. 2007년 7월 30일, 미국 하원은 "일본 정부가 일본군이 위안부를 성노예로 삼고 인신매매를 한 사실이 결코 없다는 주장을 펴는 것에 대해 분명하고 공개적으로 반박해야 한다."는 내용을 포함한 결의안을 채택했다. 네덜란드와 캐나다 하원, 유럽연합 등에서 일본 정부의 사죄(배상)를 요구하는 결의가 줄을 이었다. 다른 나라에서도 비슷한 결의안이 계속 채택되었다. 일본 정부의 공식 사죄와 배상을 요구하는 국제사회의 움직임은 새로운 국면으로 접어들었다.

이러한 흐름과 다르게 위안부 강제 연행을 부정하는 일본 우익 세력의 움직임은 수그러들지 않았다. 2012년 11월 4일, 미국 뉴저지주의 지역 신문인《스타레져The Star-Ledger》에 〈Yes, we remember the facts. 그래, 우리는 사실을 기억한다.〉라는 광고가 실렸다. 일본군'위안부' 동원의 강제성을 부정하는 광고였다. 이 광고는 가수 김장훈이 서경덕 교수와 함께 일본군'위안

위안부 문제에 대한 일본의 사
죄를 촉구하는 광고 〈DO YOU
REMEMBER?〉

부' 문제에 대한 국제사회의 관심을 촉구하며 뉴욕 타임스 스퀘
어 전광판과《뉴욕타임스The New York Times》에 실은 〈DO YOU
REMEMBER?기억하시나요?〉라는 광고에 대한 응수였다. 당시
중의원이었던 아베 신조도 지지자 명단에 이름을 올렸다.

일본군'위안부'라는 엄연한 역사적 사실을 부정하는 것은 일
본 우익 인사나 정부만이 아니다. 최근 한국에서도 일본군'위
안부'를 공공연히 부정하는 사람들이 등장했다. 일본 우익들과
닮은 이들의 주장은 대중서와 유튜브 채널 등을 통해 서로 넘
나들며 두 나라 시민 사이에서 영향력을 키우고 있다.

2015. 12. 28. 한일 '위안부' 합의

2006년 7월 6일, 일본군'위안부' 피해자들이 한국 헌법재판소에 헌법소원심판을 청구했다. 그리고 한국 정부가 위안부 문제 해결을 위해 일본 정부에 대해 적극적으로 대응해 나서지 않는 것은 '국가가 국민의 기본권을 지켜야 한다.'는 헌법 정신에 어긋난다고 주장했다.

무려 5년 만인 2011년 8월 30일, 헌법재판소는 피해자들의 손을 들어주었다. 이 문제에 관한 국가의 '부작위 不作爲, Omission'•가 헌법에 위배되며 국민의 기본권을 침해한다는 획기적인 판결이었다. 2012년 5월 24일, 한국 대법원에서도 역사적인 판결이 나왔다. 일본의 반인도적 불법행위로 인한 개인의 손해배상 청구권은 1965년 한일청구권협정으로 '완전히 그리고 최종적으로' 해결된 것에 포함되지 않는다는 판결이었다. 지금까지 일본 정부가 유지해 온 입장과 정반대의 판결인 셈이다.

1965년 한국과 일본 정부는 '한일국교정상화협상'을 통해 국

• 　　법률과 행정 용어로 '마땅히 해야 할 것으로 기대되는 행위를 하지 않는 태도'를 뜻한다.

교를 회복했다. 이때 한일기본관계조약과 그에 부속하는 네 개의 협정을 맺었는데, 네 개 협정 중 하나가 한일청구권협정이다.* 일본은 1910년부터 1945년까지 조선에 투자한 자본과 일본인의 개별 재산 모두를 포기하고 3억 달러의 무상 자금과 2억 달러의 차관을 지원하며, 한국은 대일 청구권을 포기하는 내용에 합의했다. 일본 정부는 '대일 청구권' 안에 강제 징용 피해자나 일본군'위안부' 피해자 개인의 배상 청구권도 포함된다고 주장해 왔다.

이 문제에 대해 유엔 같은 국제기구에서는 한일청구권협정에서 소멸된 것은 상대방 국가에 대한 재산상의 권리일 뿐, 일본의 전쟁범죄로 인한 개인의 피해 배상(보상)은 포함되지 않는다고 선을 그었다. 일본이 한국에 건넨 5억 달러가 배상이나 보상으로 규정되지 않았다는 점도 다시 확인했다. 이러한 국제적 해석과 한국 대법원의 판결에 따르면 한국의 강제 동원 피해자나 위안부 피해자에게 일본 기업이나 정부를 상대로 보상과 배상을 요구할 법적인 권리가 남아 있게 된다.

한국의 헌법재판소와 대법원에서 획기적인 판결이 내려졌

* 　정식 명칭은 〈대한민국과 일본국 간의 재산 및 청구권에 관한 문제의 해결과 경제협력에 관한 협정〉이다.

다고 해서 곧바로 보상과 배상 문제가 해결되는 것은 아니었다. 한국 정부가 일본 정부에 협의를 제안했지만 일본 정부는 과거의 입장을 고수했고, 양국 정부의 입장은 평행선을 달렸다.

그러다가 2015년 12월 28일, 한국의 박근혜 정부와 일본의 아베 정부는 일본군'위안부' 문제에 대한 양국 간 합의를 갑작스럽게 체결했다. 위안부 문제에 대한 일본 측의 책임을 인정하고, 한국 측이 설립하는 위안부 피해자 지원재단(화해·치유재단)에 일본 정부가 10억 엔(약 100억 원)을 출연하는 조치로 한국 내 위안부 피해자 문제가 '최종적이고 불가역不可逆적인 해결'에 도달했다는 것이다. '불가역'이란 다시는 이전으로 되돌릴 수 없다는 의미이다. 덧붙여 일본 정부는 한국 정부가 〈평화의 소녀상〉 철거를 약속했다고 주장했다.

한일 간의 합의를 요약하면 '일본은 군이 관여했다는 사실과 정부에 책임이 있음을 인정하여 한국 정부가 설립하는 재단에 10억 엔을 낸다.'는 것이다. 일본 여론은 '합의'를 긍정적으로 평가했다. 언론 보도에 '합의', '해결' 등의 표현이 등장했다.

한국에서는 피해자와 피해자 지원 단체들의 반발이 거셌다. '화해와 치유'를 입에 올리면서 정작 용서하고 화해해야 할 피

2015년 한일 일본군'위안부' 합의 무효 시위

해자들과 의논조차 없이 '합의'를 했기 때문이었다. '화해와 용서'를 국가 간 외교 문제로 협상해 처리하고 피해자에게 그 결정에 따르도록 강요할 수는 없지 않은가? 한국 정부는 여론의 뭇매를 맞았다.

한국의 시민은 일본 정부를 신뢰할 수 없었다. 앞에서는 '책임의 인정과 사죄'를 말하면서 국제 무대에서는 일본군'위안부'를 부정하는 온갖 여론전을 벌이고, 역사 교과서의 위안부 서술을 삭제하며 위안부에 대한 온갖 모욕적 방송과 비난을 수수방관하는 일본 정부의 진심을 어떻게 믿을 수 있을까? 거듭된 일본 정부의 〈평화의 소녀상〉 철거 요구는 시민의 분노에 불을 붙이고 비난 여론에 기름을 들어부었다.

국제 여론도 한일 위안부 합의에 대해 부정적이었다. 위안부 문제는 한국과 일본 두 나라의 합의로 해결될 수 있는 사항이 아니라 여성 인권과 전쟁범죄에 대한 책임을 묻고 정의를 세워가는 국제적인 차원의 문제이기 때문이다.

2017년 대통령이 된 문재인은 한일 위안부 합의 과정에 피해자들의 의견이 충분히 반영되지 않았고, 한국 국민이 도저히 받아들일 수 없는 합의임을 들어 화해·치유재단을 해산했다. 한국은 이 문제를 새롭게 의논할 것을 희망하지만, 일본 측은 한국 정부 당국자들이 국제회의에서 위안부 문제를 거론하는 것 자체가 합의 위반이라며 몰아세우고 있다. 2015년 한일 위안부 합의 이후 일본군'위안부' 문제는 점점 더 어렵고 복잡하게 얽히고 말았다.

이 문제를 어떻게 풀어야 할까? 지금까지 일본군'위안부' 문제의 현주소를 살펴보았다면, 이제 그 역사적 진실을 추적하고 탐구해 볼 차례이다.

이제 시간을 거슬러 일본 제국주의의 만주 침략으로부터 중일전쟁과 아시아태평양전쟁이 벌어진 시기로 갈 것이다. 피해자들의 증언과 일본 육해군의 기록, 최근 발견된 연합군의 기록을 바탕으로 일본군'위안부'가 실제로 어떤 제도였는지, 누가 계획하고 어떻게 운용했는지 차근차근 살펴볼 것이다. 그렇게 함으로써 일본 우파가 주장하는 '사실'과 한국의 역사 부정론자들의 '주장'을 넘어설 수 있지 않을까?

- 함께 이야기할 거리-

o 오늘날 우리에게 '수요시위'는 어떤 의미일까? '수요시위'는 앞으로 어떻게 이어가야 할까?

o 얼마나 많은 일본군'위안부' 피해자가 '침묵'을 지키다가 세상을 떠났을까? 그들은 왜 세상에 나서지 못했을까?

o 내가 제안하는 함께 이야기할 거리: _____

_____

두 번째 이야기

그때 무슨 일이 있었을까?

- 함께 생각할 거리-

○ 일본군'위안부' 제도는 누가 주도하여 만들고 어떻게 운영되었는가?

○ 구술 증언과 각종 사료를 통해 알 수 있는 일본군'위안부'의 진실은 무엇인가?

○ 일본군'위안부'는 인간의 존엄성을 어떻게 침해하였는가?

동아시아에 펼쳐진 약육강식의 무대

일본군'위안부'는 역사적 사건이다. 이 중요한 역사적 사건을 이해하고 탐구하려면 제국주의 국가 일본이 벌인 침략 전쟁, 중일전쟁과 아시아태평양전쟁을 역사적 배경으로 함께 살펴야 한다. 일본은 언제, 어떻게 이웃 국가들을 침략하여 식민지로 삼았을까? 언제, 왜 전쟁에 뛰어들었을까? 이 질문에 대답하려면 19세기 중반 동아시아 정세를 이해해야 한다.

#1. 영국 의회는 지구 반대편에 있는 청(중국)과의 전쟁을 승인했다. 세계 곳곳에서 침략 전쟁을 일삼던 영국군은 아시아의 대국 청과 전쟁을 시작했다. 아편전쟁이다. 영국이 불법으로 몰래 들여다 판 인도산 아편이 전쟁의 원인이었다. 세계의 중

심을 자부하던 청의 군대가 영국군에게 완패했다. 청은 전쟁을 끝내기로 하고 영국의 요구를 대폭 수용하는 난징조약을 맺었다(1842). 이 조약으로 영국은 청으로부터 홍콩을 넘겨받았고 광저우, 상하이 등 5개 도시에서 무역을 할 수 있게 되었으며, 막대한 배상금까지 받아 냈다. 또한 영국은 아편을 여전히 중국에 팔 수 있었다.

#2. 수백 년간 나라의 문을 닫아걸고 있던 일본 도쿠가와 막부가 미국, 영국, 프랑스, 러시아, 네덜란드와 통상조약을 맺었다(1858). 이에 서양 오랑캐에게 머리를 숙일 수 없다며 들고일어난 무사들이 막부를 끌어내리고, 메이지 천황에게 정치권력을 돌려주었다. 메이지 천황 정부는 서구 열강을 모델로 각종 국가 제도를 고치고 산업시설을 건설하며 군대를 정비하는 개혁을 추진하기 시작했다. 메이지유신이다(1868).

#3. 조선의 강화도 연무당에서 조선 측 대표로 나선 전권대신 신헌과 일본 측 대표 구로다 사이에 '조일수호조규', 즉 강화도조약이 체결되었다(1876). 일본은 여러 해 전부터 조선 앞바다에 군함을 보내 무력시위를 하며 통상조약 체결을 압박했다.

조선 정부도 나라의 문을 닫아걸고 있을 수만은 없다고 판단하여 일본과 통상조약을 맺기로 한 것이다. 이어 미국, 영국, 프랑스, 독일 등과 차례로 조약을 맺고 개화 개혁 정책을 추진하기 시작했다.

청, 조선, 일본은 근대국가로 탈바꿈하기 위한 변화와 개혁의 길에 나섰다. 부국강병을 목표로 상공업을 장려하면서 공장과 은행 등을 세웠다. 사람과 물자를 대규모로 빠르게 실어 나를 수 있는 철도를 놓았다. 철도는 빠르게 변모하는 도시를 곳곳으로 연결하는 신경망과 핏줄의 역할을 했다. 서구식 군함과 대포로 무장한 군대를 정비하고, 국가가 앞장서 학교를 세우고 국민을 교육했다. 나라마다 여건과 방법은 달랐지만, 새로운 국가를 만들 방법을 궁리했다.

한발 앞서 산업혁명을 거쳐 자본주의 경제를 발전시키고 있던 서구 열강에게 청은 거대한 시장이자 원료의 공급지였다. 영국과 프랑스를 필두로 한 서구 열강은 불평등한 조약으로 청의 국내 정치와 정책에 사사건건 간섭하고, 군대를 보내 협박하며 개혁을 방해했다. 이런 서구 열강의 등쌀에 개혁을 향한 청의 발걸음은 더디고 걸림돌을 만나 자주 좌절되었다.

서구 열강은 일본과 조선에는 적극적인 관심을 보이지 않았다. 미국은 일본을 태평양과 중국으로 세력을 확장하기 위한 발판으로 삼으려 했지만, 남북전쟁(1861~1865)이라는 국내 문제 때문에 일본에 신경 쓸 여유가 없었다. 이에 일본은 서구 열강의 간섭 없이 메이지유신을 빠르게 추진할 수 있었다.

　그러나 조선의 상황은 만만치 않았다. 전통적인 종주국의 위치를 이용하여 새로운 방식으로 조선을 지배하려는 청과 강화도조약으로 근대적 이웃으로 급부상한 뒤 조선을 이용하려는 일본을 상대하며 근대적 개혁과 변화를 이뤄 내야 했다. 청과 일본은 조선을 통해 서구 열강과 불평등한 조약을 맺어 발생한 온갖 손해와 손실을 메우려 들었다. 일본은 조선을 산업 발전에 필요한 원료 공급지이자 자국의 상품을 팔아 이윤을 남길 시장으로, 값싸게 쌀을 공급할 수 있는 식량 공급지로 삼으려고 했다.

제국주의 영토 확장 경쟁이 낳은 전쟁, 그리고 전쟁터의 성性

1894년은 혼돈의 해였다. 오랫동안 동아시아 맹주 자리를 지켜 왔던 청이 일본의 공격을 받았다. 청일전쟁이다. 전쟁이 터지기 직전, 조선에서는 동학농민군이 부패한 정치를 개혁하고 일본과 서양을 물리칠 것을 요구하며 대규모로 봉기했다. 조선까지 전쟁터로 삼은 청일전쟁이 일본의 승리로 끝났다. 청

1898년 1월 16일 프랑스 주간지 《르 프티 주르날》에 수록된 삽화. 중국이 라는 피자를 나눠 가지려는 서구 열강 의 모습이 묘사되어 있다.

은 군사적 자존심이자 개혁의 상징이던 북양해군의 근거지마저 일본군에 함락당했다. 전후 처리를 위해 청의 리훙장과 일본의 이토 히로부미가 시모노세키에서 만났다. 리훙장은 청이 조선에서 손을 떼고 타이완을 일본에 넘겨주며 일본의 4년 치 국가 예산에 해당하는 배상금을 지급한다는 굴욕적인 시모노세키조약에 서명했다(1895). 청은 조선에 대한 종주국 지위를 포기했고, 타이완은 이때부터 일본의 식민 통치를 받게 되었다.

청의 수모는 여기서 끝나지 않았다. 서양 제국주의 국가들은 청의 궁색한 처지를 이용해 청의 영토를 경쟁하듯 차지하려 했다. 러시아는 랴오둥반도의 뤼순과 다롄을, 프랑스는 광저우만을, 독일은 자오저우만을, 영국은 웨이하이를 차지했다. 청의 영토 곳곳이 외국에 넘어간 형국이었다.

청일전쟁에서 승리한 일본은 동아시아의 새로운 강자로서 입지를 굳혔다. 자본주의 발전도 더욱 빨라졌다. 일본 국민 사이에 높아진 '애국' 열기는 조선과 청에 대한 우월감과 차별 의식으로 나타나기 시작했다. 일본의 지식인, 문필가, 언론인들은 자신들이 문명국이고 청과 조선을 야만국으로 표현하며 일본의 팽창을 앞장서 외치기 시작했다.

그리고 일본은 남쪽으로 세력을 뻗치는 러시아의 힘을 의식

했다. 러시아에 적대적인 영국을 자기 편으로 끌어들이는 데 성공한 일본은 1904년 러일전쟁을 일으켰다. 결과는 일본의 승리였다. 일본은 러시아 영토였던 사할린 남부를 넘겨받고 러시아가 청에게 빼앗았던 뤼순과 다롄 두 항구까지 손에 넣었다. 청일전쟁 승리로 얻은 타이완보다 더 넓은 지역을 차지한 것이다.

일본은 뤼순과 다롄을 지배하기 위해 관동도독부를 설치했다. 그리고 관동도독부를 지킨다는 명분으로 군대를 보내 주둔시키다가 1919년 '관동군'으로 확대했다. 일본이 얻은 이권은 여기에 그치지 않고 러시아로부터 남만주철도주식회사까지 넘겨받았다. 창춘과 뤼순을 잇는 철도를 경영하면서 막대한 경제적 이익을 낸 것은 물론이고, 만주 지역에 대한 영향력을 점점 키워 나갔다.

하지만 일본도 러일전쟁에서 큰 피해를 입었다. 청일전쟁에 동원된 병력 24만여 명 중 전사자가 1만 3000명 정도로 알려졌지만 러일전쟁의 전사자는 약 8만 4000명, 부상자는 약 14만 3000여 명으로 알려졌다. 일본의 일부 지식인이 전쟁을 비판하는 목소리를 높였지만 국민 사이에서는 제국에 대한 자부심, 애국주의, 여타 아시아 국가들에 대한 멸시와 차별 분위기가 넘처 났다. 이렇듯 일본은 청일전쟁과 러일전쟁을 거치면서 천황제 제국주의 국가로 내달리기 시작했다. 그리고 1910년 조선을 식민지로 강제 병합하고 조선총독부를 설치했다.

19세기에는 서구 자본주의 열강의 식민지 쟁탈 경쟁이 갈수록 심해졌다. 아시아, 아프리카 대륙이 열강의 식민지로 전락하고 곳곳에서 무력 충돌이 벌어졌다. 본국을 방어하기 위한 군대는 물론이고, 해외 식민지에 주둔하는 군대의 규모도 커졌다. 당연한 결과로 군사적 대치와 긴장 기간이 점점 길어지고 군대 내 군인들의 성병 감염이 심각한 골칫거리로 떠올랐다. 그렇게 되자 국가가 성매매를 통제해야 한다는 인식이 생겨났고 공창제가 실시되기에 이르렀다.

공창제는 성매매 여성이 성병에 걸렸는지 아닌지 국가가 주기적으로 검사하여 관리하는 제도이다. 성병 검진을 통해 질병이 없다고 증명된 여성을 창부로 등록시킨 이 제도의 목적은 남성, 특히 군인을 성병으로부터 보호하려는 것이다.

공창제를 가장 먼저 실시한 나라는 프랑스였다. 프랑스혁명기와 나폴레옹전쟁을 거치며 군대 내 성병 확산이 문제가 되자 통령 정부 시기에 공창제가 확립되었다. 공창제는 19세기를 거치며 독일과 영국 등 유럽 각국으로 확산되었다. 당시 미국에서는 공창제 관련 법률이 제정되지 않았다. 그러나 남북전쟁을 전후로 하여 유럽의 사례를 모방해서 성매매 여성을 마을의 특정 지역에 가두고 등록하게 하여 의무적으로 의사 검진을 받게 했다.

19세기 여러 나라에서 공창제 폐지 운동이 전개되었지만, 공창제가 철폐된 나라는 영국 본토와 노르웨이뿐이었다. 프랑스와 독일은 본국에서 공창제를 오랫동안 유지했고, 영국은 1886년 본국의 공창제를 철폐하면서도 식민지에서는 그대로 유지했다.

유럽에 기원을 둔 근대 공창제는 여성의 희생을 바탕으로 군대를 보호하려는 정책이자 제도였다. 여성의 몸과 성을 국가가 관리하는 공창제는 근대국가의 강력한 군대 건설 정책과 결합해 식민지를 확대하려는 제국주의 국가들의 이익에 봉사했다.

공창제를 통해 여성에게 성병 검사를 받게 하여 군인의 건강을 지킨다는 명분으로 성병을 통제하는 것처럼 보이지만, 실상은 성매매를 합법화하고 여성에 대한 인신매매를 확산시켰다. 동서양을 막론하고 국가에 의한 강제 성병 검진은 강요당하는 여성의 입장에서 대단히 치욕스러운 일이었다. 이 때문에 영국에서는 검진을 강요당한 여성이 자살하는 사건이 일어났고, 인도에서는 수천 명의 여성이 검진을 피해 도망치다가 고립되어 굶주려 죽는 사건도 있었다.

일본은 메이지 시대 초기에 공창제를 도입했다. 유럽 각국을 시찰하며 유럽의 성매매 통제를 배워 이를 모델로 공창제를 근대적으로 정비했다.

가부장적 가족제도와 여성 차별, 그리고 공창제

일본 정부에게 유럽의 공창제 도입은 문명개화 정책의 일환이었다. 1871년 민부성* 시달부터 1872년 태정관** 시달('창기해방령')까지 일련의 법령에 의해 공창제의 기초가 만들어지고 1900년 '창기취체규칙'으로 완성되었다.

일본 역사에서 공창제는 새로운 것이 아니었다. 일찌감치 여성의 성을 매매할 수 있도록 하는 제도가 있었다. 에도 막부 시

• 1869년 신설된 토목, 조세, 통상 등을 담당하는 정부 조직
•• 메이지유신 시기 최고 권력 기관이다. 행정권은 물론 입법권까지 가지고 정부의 성, 청을 이끌었다.

기에 이미 요시와라 유곽으로 대표되는 전근대 공창제도가 생겨났다. 이는 정부가 공인한 성매매였다. 유곽이 많아지자 여성을 대상으로 하는 인신매매가 극성을 부렸다.

메이지유신이 진행되던 1872년 일본의 어린 여성들이 유곽에서 성노예 생활을 강제당한다고 국제사회에 폭로되는 사건이 있었다. 일본 정부는 이를 계기로 1872년 10월 '창기해방령'을 공포했다. 국제적 비난 여론을 의식해 서둘러 마련한 임시방편이었다. 법으로 인신매매를 금지했지만, 불법 알선업은 여전히 성행했기 때문에 가난한 집의 딸들이 속수무책으로 팔려나갔다. 달라진 법에 의하면 창기 본인이 경찰서에 폐업을 신청하면 바로 그만둘 수 있다고 했지만, 전차금•과 같은 빚에 묶인 창기는 폐업을 마음대로 할 수 없었다. 경찰도 유곽(대좌부)편이었기 때문에 법은 거의 유명무실했다.

그런데도 창기의 자유의지로 '영업'을 그만둘 수 있다는 규정을 들어 '영업'을 계속하면 여성 자신의 의지에 따른 자유 선택이라는 잘못된 인식이 사회에 퍼졌다. 성매매는 여성의 선택이기 때문에 그에 따른 문제도 전적으로 여성이 책임져야 한다는

• 근로 제공을 조건으로 사용자에게 빌려 임금으로 변제할 것을 약정하는 금전

생각이 뿌리내려 갔다.

러일전쟁 이후 경제 상황이 나빠지면서 빈곤층 여성들이 가혹하게 성매매 시장으로 내몰렸다. 애국주의의 열기가 달아올랐을 때도 공장에서 해고된 가난한 여공들이 공창제 안으로 끌려들어 갔다. 인신매매는 법으로 금지되었지만, 생활이 궁핍한 부모들이 약간의 전차금을 받고 알선업자를 통해 딸을 유곽에 넘기는 일이 빈번했다. 전국에 흩어져 있는 부라쿠민部落民[•]여성들은 훨씬 더 혹독한 고난에 처했다.

이처럼 일본의 근대 공창제는 인신매매를 부정한다는 명분을 내세웠다. 실제로 인신매매가 사라지지 않았음에도 창기는 자유의지로 '천업'을 선택했으며, 국가가 빈민을 구제하기 위해 이를 특별히 허락했다고 보는 잘못된 인식이 깊이 뿌리내렸다. 얼핏 보면 공창제에서 국가와 성매매업이 무관하게 보이지만 조금만 살펴보면 국가가 성매매업을 통해 이익을 챙기고 있음을 알 수 있다. 국가가 허가해야 성매매를 할 수 있었기 때문에 장소를 제공하는 유곽과 창기는 국가에 면허료를 내야 했다.

1889년 일본은 헌법을 반포하여 국민의 권리와 의무를 제정

[•] 전근대 일본 신분제도의 최하층 천민. 신분제 폐지 이후에도 천민의 후예로 계속 차별을 받았다.

했지만 여성에게는 적용하지 않았다. 여성의 참정권은 허용되지 않았다. 1890년에 공포된 민법에서는 가부장적 가족제도를 규정했다. 호주인 가장이 집안의 절대적인 통솔권을 가지고 있었다. 여성은 법적인 무능력자로서 남성의 보호를 받아야 했다. 또한 온갖 부당함을 견디면서 아이를 낳는 도구로, 남편과 가족을 뒷바라지하며 희생을 당연히 감당해야 하는 존재로 보는 문화가 강고했다. 전쟁 전에도 유곽 같은 곳에서 여자를 사는 일이 남자의 특권이자 자격 가운데 하나라는 생각이 퍼져 있었다.

일본의 근대 공창제 아래서 여성을 팔아넘긴 자나 사는 자, 그것을 공공연하게 허용하는 공무원이나 경찰은 모두 당당하게 거리를 활보했지만, 팔려간 여성은 멸시의 대상이었다. 딸이 몸을 팔아 번 돈으로 생활하는 가족조차 그 존재를 부끄럽게 여겼다. 일본군'위안부' 제도는 이런 토양에서 생겨났다.

한편 조선에서는 1876년 강화도조약 이후 개항장을 중심으로 일본인 거류지가 들어서고 일본식 유곽이 생기기 시작했다. 1910년 한일 강제 병합을 계기로 1916년 조선총독부는 '대좌부 창기 취체규칙'을 시행했다. 조선에 일본식 공창제가 실시된 것이다. 일제가 실시한 공창제는 해방 후 1947년에 폐지되었다.

한국에서 공창제는 언제 폐지되었을까?

1948년 5월 10일 제헌 국회의원 총선거 포스터. 여성에게 선거권이 있었음을 알 수 있다.

해방 후 대한민국에서 제정됐던 여성 관련 1호 법안은 1947년 8월 8일 통과된 '공창제 폐지령'이다. 1945년 해방 직후 시작된 미군정 체제가 정부의 한 형태로 운용한 남조선과도입법의원에서 여성 의원 4명의 노력으로 이루어진 일이다. 군정법률 제7호인 공창제도 폐지령은 '일정 이래의 악습을 배제하고 인도를 창명하기 위하여 남녀평등의 민주주의적 견지에서 공창제도를 폐지하고 매춘을 금지함을 목적'으로 했다. 또한 과도입법의원에서는 남녀 구별 없이 23세 이상의 선거권, 25세 이상의 피선거권을 보장하는 '입법의원선거법'을 마련했다. 이 선거법은 1948년 5월 10일 제헌 국회의원 총선거의 토대가 되었다.

세계대전과 일본의 아시아 침략

일본의 팽창 정책은 곳곳에서 저항에 부딪혔다. 식민지 조선의 민중은 러일전쟁 직후인 1905년, 을사늑약으로 외교권을 빼앗겼을 때부터 거센 저항운동을 전개했다. 1910년 강제 병합 이후에는 각계각층이 독립운동에 나서 일본의 지배에 맞섰다.

서구 열강의 손에 나라가 갈가리 찢길지도 모르는 위기와 지독한 혼란 속에서 중국 민중도 새로운 세상을 열기 위해 힘을 다했다. 1911년 10월 10일, 후베이성의 중심 도시인 우한에서 혁명파 군인들이 청을 타도하자며 봉기했다. 1912년 1월 1일, 쑨원을 임시 대총통으로 하는 중화민국 정부가 선포되었다. 2000년 이상 이어 온 군주제가 끝나고 마침내 공화제 국가가 탄생한 것이다.

1914년 유럽에서 제1차 세계대전이 발발했다. 일본은 중국 내 독일군을 공격하면서 전쟁에 뛰어들었다. 쑨원으로부터 중화민국 임시 대총통 자리를 넘겨받은 위안스카이는 시간을 되돌려 중국의 황제가 되고자 했다. 힘을 빌려 달라고 손을 내미는 위안스카이에게 일본은 지지의 대가로 '21개조 요구'*를 내밀었다. 그 핵심은 독일이 차지하고 있던 이권을 넘겨 달라는 것이었다. 위안스카이는 일본의 요구를 받아들이고 스스로 황제에 올랐다.

이에 대한 저항으로 중국 각지에서 반란이 일어나고 위안스카이를 지지하지 않는 성省들이 독립을 선언했다. 누가 보아도 중국이 여럿으로 분열된 것이 분명했다. 군사력만 있으면 누구든 정부를 갈아엎고 통치자(군벌) 노릇을 할 수 있었다. 신해혁명으로 이룩한 공화제는 껍데기만 남았고 민중의 삶은 군벌의 수탈과 억압으로 어려워졌다. 일본과 제국주의 국가들은 저마다 입맛에 맞는 군벌을 지원하며 분열을 부추기고 혼란을 틈타 경제적 이익을 노렸다.

제1차 세계대전 중 유럽 국가들이 전쟁에 몰두하는 사이 일본은 경제 호황을 누리며 빠르게 몸집을 키웠다. 조선을 식민지로 삼아 경제 발전에 최대한 이용했다. 1918~1919년 무렵 일본은 안팎의 어려움에 맞닥뜨렸다. 안에서는 민중이 정치적 권

•　　제1차 세계대전 중에 일본이 중국에 제출한 권익 확대 요구 사항으로 반일 감정을 격화시켜 5·4운동의 도화선이 되었다. ① 일본이 갖고 있는 만주 남부의 이권을 확장·강화하고 ② 독일이 갖고 있는 산둥반도의 권리를 일본에 이양하는 것을 인정하고 ③ 일본인의 철도와 광산 경영을 인정하고 ④ 다른 나라에게 중국 연안이나 도서를 할양하지 않으며 ⑤ 중국은 정치·재정·군사 부문에 일본인 고문을 초빙하고 다수의 일본인 경찰을 채용한다는 것이 주요 내용이다.

리를 요구하며 정부를 압박했고 식민지 조선에서는 3.1운동
이, 중국에서는 5.4운동이 일어났다. 밖으로는 세계대전의 소
용돌이가 잦아들면서 유럽 국가들이 저마다 경제 위기에 대처
하기 위해 보호무역과 블록경제 정책을 펴기 시작했다. 그 여파
로 일본 경제는 먹구름이 드리웠다. 수출이 줄고 경기가 침체되
자 국내의 갈등도 점점 심해졌다.

그리고 미국에서 시작된 대공황(1929)의 파도가 일본에 밀어
닥쳤다. 대공황의 영향은 심각했다. 수출이 급격히 줄고, 주식
시장이 폭락하면서 수많은 회사가 무너지고 사람들이 일자리
를 잃었다. 농촌 상황도 어렵기는 마찬가지였다. 가중되는 생
활고와 맞물려 인신매매업자의 손에 이끌려 유곽으로 가는 여
성도 늘어났다.

일본은 경제적 위기를 타개하기 위한 방법으로 대외 팽창을
선택하고 1931년 만주를 침략했다. 허수아비 황제 푸이를 내
세워 '만주국'을 세우고 곧이어 상하이를 공격*했다. 일본군이
중국에 장기 주둔하게 되자 일본 군부는 1932년 상하이에 위

* 　 제1차 상하이사변으로 1932년 1월 28일에 상하이 국제 공동 조계 주변
에서 일어났던 중국과 일본의 군사적 충돌이다. 중일전쟁의 전초전 성격을 지니
며, 중국에서는 '1.28사건'이라고도 부른다.

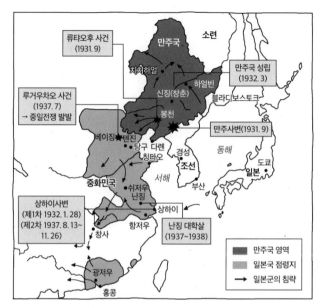

만주사변과 중일전쟁의 발발

안소라고 부르는 시설을 만들어 젊은 병사들이 성적 불만을 해소하고 욕구를 발산하도록 했다. 이러한 발상이 가능했던 배경에는 일본이 병영 국가로 성장하면서 사회와 문화 깊숙이 병사들의 성매매가 자리매김하고 있었기 때문이다. 또한 청일전쟁과 러일전쟁기에 위안소와 같은 유사한 시설을 설치한 경험도 크게 작용했다.

일본의 대륙 침략은 만주에서 그치지 않았다. 베이징과 텐

진은 물론, 황허 유역까지 넘봤다. 이 위기에 맞서 중국 민중이 스스로 무기를 들었고 국민당과 공산당이 손을 잡았다.

1937년 7월, 일본군은 베이징과 톈진 부근의 중국군을 공격했다. 순식간에 화북 일대를 장악한 뒤, 8월부터는 상하이와 당시 중국의 수도였던 난징을 공격했다. 중국과 일본 간의 전면적인 전쟁이 일어난 것이다(중일전쟁). 중국 국민당과 공산당은 함께 일본군에 맞섰지만, 두 달을 치열하게 싸우고도 상하이를 빼앗겼다. 12월에는 난징마저 점령당했다.

난징에 입성하는 일본군. 1937년 12월 13일 일본군에 함락된 난징에서 대살육의 참극이 벌어졌다.

일본군에 점령된 난징에서는 일찍이 볼 수 없었던 참혹한 살육이 벌어졌다. 도시를 점령한 일본군은 수십만 명에 이르는 민간인을 무차별 공격했다. 도시 곳곳이 불타고 재물이 약탈당하고 죽거나 다친 사람, 성폭행당한 사람들이 헤아릴 수 없었다(난징 대학살).

아이리스 장Iris Chang의 《난징의 강간》(부제: 제2차 세계대전의 잊혀진 홀로코스트)

《난징의 강간The rape of Nanking》은 1997년 난징 대학살 60주년에 맞춰 발간된 아이리스 장의 책이다. 1937년 12월 13일부터 1938년 2월까지 6주간에 걸쳐 약 30~100만 명(추정치)의 중국인이 학살되었다. 《난징의 강간》은 아이리스 장이 난징 대학살에 관해 쓴 논픽션으로 엄청난 반향과 논쟁을 일으켰다. 여러 언어로 번역, 출판되었으며 아이리스 장은 미국 내 중국 인권 운동의 상징적인 인물로 부각되었다.

일본 우익 세력들은 아이리스 장의 《난징의 강간》을 '왜곡과 날조'라고 반박하며 전화, 메일, 시위 등으로 협박했다. 아이리스 장은 우울증에 시달리다 2004년 결국 자살했다. 이 책은 한국에서 《난징 대학살》이라는 제목으로 1999년에 출간되었고 일본에서는 2007년에 출간되었다.

상하이 파견군에 3000명의
'위안부'를 극비로 이송하라

일본군이 위안소를 본격적으로 설치하기 시작한 시기는 중
일전쟁이 발발한 뒤였다. 1937년 8월, 일본군이 상하이에 상륙
하여 공격을 시작(제2차 상하이사변)한 뒤, 약 30만 명의 일본군
이 주둔하면서 성범죄가 더욱 만연했다. 1937년 12월 초, 난징
에서 전투가 시작되고 며칠 뒤 난징이 함락되었다. 곧이어 벌
어진 난징 대학살에서 일본군의 잔인한 범죄행위가 난무했다.
이에 대해 중국에서는 말할 것도 없고, 국제사회의 비난이 쏟
아졌다.

난징을 점령한 일본 육군은 위안소를 군의 후방 시설로 설
치하기로 하고, 그에 필요한 규정을 마련했다. 군대 내 성병 예
방, 점령지 치안 등을 목적으로 설치한 상하이 위안소의 경험
을 살려 위안소를 확대 운영할 계획을 세웠다. 이전에는 군이
지정한 매춘업소를 이용하도록 했지만, 주둔 병력이 늘어나면
서 다른 방법을 찾기로 한 것이다.

1937년 말에서 1938년 초, 일본군과 일본 관계 당국이 위안
부 모집을 위해 어떤 일을 했는지는 일본 군부와 정부 사이에

오간 여러 문서를 통해 알 수 있다. '공문서'에 해당하는 이 문건들의 내용을 토대로 1937년부터 1938년 사이에 일본군이 점령한 중국 영토 안에 위안소를 어떤 방식으로 설치했는지 추론할 수 있다.

날짜	명칭	발송자	수신자
1937. 12. 21	황군 장병 위안부녀 도래에 대해 편의 제공 방법 의뢰 건	재상하이 일본총영사관 경찰서장	나가사키 수상경찰서장
1938. 1. 19	상하이파견군 내 육군위안소의 작부 모집에 관한 건	군마현 지사	내무 대신 육군 대신 등
1938. 1. 25	북지파견군 위안 작부 모집에 관한 건	야마가타현 지사	내무 대신 육군 대신
1938. 2. 7	시국 이용 부녀 유괴피의 사건에 관한 건	와카야마현 지사	내무성 경보국장
1938. 2. 14	상하이파견군 내 육군위안소의 작부 모집에 관한 건	이바라키현 지사	내무 대신 육군 대신
1938. 2. 14	상하이파견군 내 육군위안소의 작부 모집에 관한 건	이바라키현 지사	내무 대신 육군 대신
1938. 2. 15	상하이파견군 내 육군위안소의 작부 모집에 관한 건	미야기현 지사	내무 대신
1938. 2. 23	중국(지나) 도항 부녀의 취급에 관한 건	내부성 경보국장	각 지방장관

날짜	명칭	발송자	수신자
1938. 3. 4	육지밀제745호 군위안소 종업부 등 모집에 관한 건(통첩)	육군성 부관	북지나방면군 중지나파견군 참모장

일본군'위안부'제 성립 과정의 주요 문서 일람

(출처: 강정숙, 《일본군'위안부' 알고 있나요?》, 독립기념관 한국독립운동사연구소, 2015.)

황군 장병 위안부녀 도래에 대한 편의 공여 방안 의뢰 건

1937년 12월 21일

본 건과 관련하여 전선(前線) 각지에서 황군의 진전(進展)에 따른 위안책으로 여러 관계 기관에서 연구 중임. 지난번 당관(영사관), 육군무관실, 헌병대의 합의 결과 시설의 일단으로 전선 각지에 군 위안소(사실상의 유곽)를 다음과 같은 요령으로 설치하게 됨.

기(記)

영사관

(가) 영업 지원자에 대한 허가 여부 결정

(나) 위안부녀 신원 및 사업에 대한 일반 계약 수속

(다) 도항 후 편의 조치

(라) 영업주 및 부녀의 신원 등에 관한 관계 관서(官署) 간의 조회 및 회답

(마) 상하이 도착과 동시에 당지에 체재하는 것을 원칙으로 하고, 허가 여부가 결정된 후 바로 헌병대로 인계하는 것으로 함

헌병대

(가) 영사관에서 인계 받은 영업주 및 부녀의 취업지 수송 절차

(나) 영업자 및 직업 부녀에 대한 보호 단속

무관실

(가) 취업 장소 및 가옥 등의 준비

(나) 일반 보건 및 성병 검사에 관한 건

상기 요령에 따라 시설을 서두르고 있습니다. 이미 가업 부녀(작부) 모집을 위해 본국이나 조선에서 활동 중이며, 이후에도 중요한 임무로 여행할 예정이오니 이들에게 당관에서 발급한 신분증명서에 사유를 기입하여 휴대하도록 하고, 승선 등의 편의를 제공해 주기 바랍니다. 또한 상하이에 도착한 후 취업지로 가는 모집자 또는 그 대리자 등에게 각각 사업에 필요한 서류(아래 양식)를 완비하도록 지시하여 번잡한 절차가 반복되는 일이 없도록 해 주길 바랍니다. 일단 서류를 검사한 후 번거롭더라도 원조해 주기를 부탁드립니다.

(출처: 조윤수, 《일본군'위안부'》, 동북아역사재단, 2019.)

위의 문서는 1937년 12월 21일자로 상하이 총영사관 경찰서가 나가사키 수상경찰서장에게 보낸 공문서이다. 육군 위안소를 설치하는 일에 헌병대와 영사관이 깊이 관여했으며 일본 내무성의 협조를 받아 위안부 모집을 원활하게 수행하고자 했다는 사실을 바로 확인할 수 있다. 이 문서에 보이는 무관실(육군무관실)은 재중국 일본대사관의 부속기관이다. 준군사 방면에서 외부와의 섭외 사항이나 특수 정치 공작을 담당하는 육군의 파견 기관이고, 상하이에서 활동하는 일본 정부 기관과 민간 단체와의 교섭 및 조정 역할을 담당했다.

　중국 상황을 잘 알고 있던 상하이 일본 관계 기관이 중심이 되어 전선 각지의 위안소 설치 방침과 각 기관에서 분담할 역할을 정한 후 일본과 조선으로 위안부 모집을 요청했음을 이 문서를 통해 알 수 있다. 상하이 파견군의 위안부 모집과 이송 요구에 부응하여 업자들이 적극적으로 일본, 조선 등지에서 여성들을 모집하기 시작했을 것이다. 문서 내용 중 "이미 가업 부녀(작부) 모집을 위해 본국이나 조선에서 활동 중이며"라는 부분을 보면 이를 알 수 있다.

　이와 관련하여 일본에서 발생한 흥미로운 사건이 있다. 1938년 1월 6일, 일본 와카야마현 모리파출소는 상하이 위안소로 보낼 여성을 모집한 3명의 업자를 검거했다. 이들은 상하이 주둔 일본군에 보낼 2000명의 여성을 모집하기 위해 와카야마현에 출장 중이었다고 밝혔다. 와카야마현 경찰은 검거된 3명이 여성들을 유괴하여 국외로 이송하려 한 것이라 판단하여 체포했다. 당시 여성의 국외 유괴는 불법이었다. 체포된 업자들은 상하이 영사관과 관련 있는 상인의 의뢰로 와카야마현에서 여성들을 모집한 오사카시 매춘업 종사자인 사가 긴타로,

가나자와 진에몬, 그리고 두 사람에게 여성들을 소개한 히라오카 시게노부였다.

와카야마현 경찰은 여성들에게 매춘에 종사할 것이라는 이야기를 전혀 하지 않은 점, 여성들이 하게 될 일이 생각보다 쉽고 황군을 위한 일로 의식주도 함께 해결할 수 있으며 돈을 많이 벌 수 있다는 식의 거짓말로 유혹한 점, 무엇보다 여성들을 국외로 보내려고 한 점을 미루어 나쁜 죄질이라고 판단했다. 와카야마현 경찰은 황군의 의뢰를 받았다는 업자들의 진술을 믿을 수 없어 그들의 말을 거짓이라고 여겼다.

그런데 경찰이 이들을 상대로 조서를 작성하다 보니, 이들의 말이 모두 일치했다. 이들은 상하이 파견군의 지시에 따라 와카야마현 사정을 잘 아는 히라오카와 공모하여 여성들을 모집했던 것이다. 붙잡힌 3명은 나가사키현과 오사카시에서 이미 경찰과 헌병의 도움으로 여성들을 상하이로 이송했다고 말했다. 와카야마현 경찰이 이들의 말을 확인해 본 결과 모두 사실이었다. 심지어 나가사키현은 붙잡힌 모집업자들이 상하이 일본총영사관 경찰서의 〈황군 장병 위안부녀 도래에 대한 편의 공여 방안 의뢰 건〉에 따라 여성들을 모집했다는 사실을 와카야마현에 증명해 주었다. 상하이 영사관에서도 붙잡힌 업자들의 신분을 확인해 주었다. 결국 이 모든 일은 상하이 일본총영사관이 보낸 통첩을 와카야마현에서 제대로 전달받지 못해 생긴 일이었다.

와카야마현에서 발생한 사건의 배경에는 상하이 파견군이 일본과 조선에서 3000명의 여성을 모집하기로 계획하고 추진한 사실이 있었다. 〈황군 장병 위안부녀 도래에 대한 편의 공여 방안 의뢰 건〉은 이를 실행하기 위해 작성된 문서였던 셈이다. 전쟁 중이라 남녀를 불문하고 민간인이 국경을 넘어가려면 절차와 규정이 까다로웠기 때문에 일본 내무성과 외무성의 협조 없이 3000명의 민간인 여성을 중국으로 데려가기란 거의 불가능했다.

이처럼 모집업자들이 군의 요구에 의한 것임을 공공연하게 내세우며 유괴나 사기 등의 방법으로 부녀자를 유인하였기 때문에 일본 각지에서 말썽이 일어났다. 이를 수습하기 위해 일본 내무성은 대응 방침을 정리한 문서를 하급 기관에 비밀리에 하달했다. 그 문서가 바로 〈지나 도항 부녀의 취급에 관한 건〉이다.

내무성은 이 통첩을 관계 당국인 척무성, 육군성, 외무성 등에도 보냈다. 식민지 관할 조정 업무를 담당한 척무성은 내무성

통첩을 받고 다시 조선총독부에도 보냈을 것이다. 따라서 조선
총독부도 위안부 모집과 이송에 관한 사실을 몰랐을 리 없다.

지나 도항 부녀의 취급에 관한 건

내무성발경 제5호

1938년 2월 23일

발신: 내무성 경보국장

수신: 각 성·부·현 장관

최근 중국 각지의 질서가 회복됨에 따라 중국으로 이동하는 자가 현저
하게 증가하고 있다. 이들 중에는 음식점, 카페 또는 유곽 등과 유사한 영
업자들과 연계하여 영업에 종사할 것을 목적으로 하는 부녀가 적지 않다.
더욱이 내지(일본)에서 이들 부녀의 모집을 주선하며 마치 군 당국의 양해
가 있는 것 같은 언사를 하는 자들도 각지에서 빈번히 나타나고 있는 상황
이다. 부녀의 해외 이동은 현지 실정을 고려한다면 어쩌면 필요한 것이기
도 하다. 경찰 당국에서도 특수한 사정을 고려하여 적합한 조치를 강구할
필요가 있다고 인정하고 있다. 하지만 이들이 부녀 모집에 적정선을 넘어
제국의 위신을 손상시키고, 황군의 명예를 실추시킬 뿐 아니라 후방 국민,
특히 출정 병사 가족들에게 좋지 않은 영향을 주고 있다. 또한 부녀 매매에
관한 국제조약에도 어긋나지 않도록 유지하기가 어려운 만큼 현지 실정과
여러 사정을 고려하여 아래에 준거할 것을 명하며, 이를 통첩한다.

(이하 생략)

(출처: 조윤수, 《일본군'위안부'》, 동북아역사재단, 2019.)

이 통첩에서는 '위안 부녀'를 동원할 때 제국의 위신을 훼손하지 않도록 할 것을 강조했다. 그러면서 자신들이 추진하는 일이 부녀 매매에 관한 국제조약*에 어긋난다는 사실에 유의하여 국제적으로 망신스럽고 논란이 될 사태가 벌어지지 않게 조심하도록 요구했다.

앞의 자료에는 생략되었지만 통첩 내용에는 모집 대상을 일반 부녀자가 아닌 매춘업에 종사하는 만 21세 이상의 여성으로만 하도록 쓰여 있다.** 병사를 전쟁에 동원한 명분으로 고향과 부모 형제, 처자를 지키기 위해 싸운다고 내세운 만큼, 병사의 가족일 수도 있는 일본의 일반 여성을 군의 성노예로 차출한다는 사실이 전쟁의 명분을 뿌리째 흔드는 일이 될 수 있었다. 당시 일본 정부는 전쟁으로 줄어드는 인구를 의식하여 후방에서 일본 여성이 담당할 역할을 후일의 병사 생산이라고 선전하고 있었다.

앞서 첫 번째 이야기: 살아 있는 과거, 일본군'위안부'에서

---

* 국제연맹은 1921년 국제조약으로 여성·아동매매금지조약을 채택했다. 일본은 1925년에 가입했지만 식민지 조선, 타이완, 랴오둥반도 이남 조차지에 대해서는 적용을 유보했다.

** '21세 이상의 매춘업 종사자'라는 조건은 지켜지지 않았다. 식민지였던 조선에서 모집·동원된 피해자의 다수가 10대 여성이었다.

살펴보았듯, 일본의 우익 인사들은《워싱턴포스트》에〈THE FACTS〉라는 제목으로 낸 광고에서 이 내무성 통첩이 일반 여성을 보호하기 위해 내려보낸 것이라고 주장했다. 그러나 이 문서가 나온 앞뒤 맥락을 살펴보면, 내무성이 통첩을 보낸 의도가 군의 요구에 따라 여성을 동원하니 현과 경찰은 이러한 상황을 '잘 알아서' 동원에 문제가 없도록 하는 데 있음을 알 수 있다. 여성을 보호하기 위한 조치가 아니었던 것이다.

내무성이 통첩한 뒤, 위안부를 상하이로 이송할 것을 계획했던 일본 육군성도 문제의 심각성을 알게 되었다. 그래서 중국 주둔군 참모장에게〈군 위안소 종업부 모집에 관한 건〉을 통첩했다. 내무성 통첩을 잘 이해하고 대처하도록 육군성이 다시 한 번 강조하여 보낸 것이다. 육군성 병무국 병무과가 만든 이 통첩의 주요 내용은 종업부를 모집하는 업자를 잘못 선정해서 사회적 물의를 일으키거나 군의 위신이 깎이는 일이 없도록 유의해 달라는 것이었다. 위안부 모집을 군부가 치밀하게 계획하고 정부의 여러 부처가 협조하여 은밀히 진행했음을 알 수 있다.

> ### 군 위안소 종업부 모집에 관한 건
>
> **(육군성) 부관이 북지방면군 및 중지파견군 참모장에게 보낸 통첩안**
>
> 지나사변 지역에 위안소 설치를 위해 내지에서 종업부(위안부)를 모집할 때 일부러 군부의 명의를 사용하기 때문에 군의 위신이 손상되고, 일반인들에게 오해를 불러일으킬 우려가 있다. 종군 기자·위문자가 출입하는 등 통제되지 않는 상황에서 '위안부'를 모집하는 것은 사회 문제를 야기할 우려가 있다. 아울러 모집하는 자의 모집 방법이 유괴와 비슷하여 경찰 당국에 검거·취조를 받는 등 주의를 요하는 때가 적지 않다. 따라서 장래에 이들을 모집할 때는 파견군이 통제하여 이를 실행할 인물 선정을 주도하고, 그 실시에 있어서는 관계 지방 헌병 및 경찰 당국과 연계를 긴밀히 하여 군의 위신을 지키면서 사회 문제가 없기 바라며, 명령에 따라 통지한다.
>
> 육지밀(陸支密) 제745호 1938년 3월 4일

(출처: 조윤수, 《일본군'위안부'》, 동북아역사재단, 2019.)

남지나파견군의 위안소 설치에 필요한 부녀 400명을 모집하기 위해 일본 내무성, 특히 경찰의 협조를 요청한 공문서도 발견되었다. 인솔업자는 신원이 확실한 사람으로 '은밀하게' 선정하도록 했다. 군과 행동을 같이해야 하는 사람이기 때문이었을 것이다. 위안부가 배를 타고 현지로 가기 위해 필요한 연락과 업무는 참모본부와 현지 군사령부가, 계약 내용 및 현지 부녀 보호는 군에서 담당했다. 위안부 도항이 군사작전처럼 진행되었음을 짐작하게 한다. 이러한 방식은 식민지 조선이나 타이완에서 여성을 동원할 때도 마찬가지로 적용되었을 것이다.

지나 도항 부녀에 관한 건 요청

1938. 11. 4.

오늘 남지나파견군 후루쇼 부대의 참모 육군항공병 소좌 구몬 아라후미 및 육군성 징모과장으로부터 남지나파견군의 위안소 설치를 위해 필요한 매춘 부녀 약 400명을 도항시킬 수 있도록 배려해 달라는 요청이 있었습니다. 본년 2월 23일 내무성 발경 5호 통첩에 따라 이를 처리하고, 다음을 각 지방청에 통지하여 적당한 인솔자(포주)를 은밀하게 선정하여 부녀를 모집해 현지로 보내도록 조치하면 어떻겠습니까?

추신. 이미 타이완총독부를 통해 동 지역에서 300명이 도항 준비를 마쳤다는 소식이 있었습니다.

기(記)

1. 내지에서 모집한 매춘 부녀는 약 400명 정도로 오사카(100명), 교토(50명), 효고(100명), 후쿠오카(100명), 야마구치(50명)에 할당하고, 여기에 인솔자를 선정하여 이들을 모집하고 현지로 보낼 것.

2. 상기 인솔자는 현지에서 군 위안소를 경영하는 사람으로 신원이 확실한 사람을 선정할 것.

3. 상기 도항 부녀의 수송은 인솔자(업주)의 비용으로 내지에서 타이완 가오슝까지 은밀하게 연행하고, 동 지역에서는 어용선에 편승하여 현지로 향하게 할 것.

4. 본 건에 관한 연락은 참모본부 제1부 제2과 이마오카 소좌, 요시다 대위가 담당하며 현지는 군사령부 미네키 소좌가 담당함.

5. 이외에 이들 부녀를 필요로 하는 경우 반드시 후루쇼 부대 본부에서 남지나파견군에 대한 것을 전부 통일하여 인솔허가증을 교부하도록 조치할 것임.

6. 본 건에 대해서 내무성 및 지방청은 부녀 모집 및 출항에 관한 편의 제공까지만 하고 계약 내용 및 현지의 부녀 보호는 군이 담당할 것.

7. 이상에 의해 본년 2월 23일 당국 통첩을 고려하여 본 건은 상기한 각 부현에 통지하여 처리하도록 할 것.

(출처: 조윤수, 《일본군'위안부'》, 동북아역사재단, 2019.)

이처럼 〈황군 장병 위안부녀 도래에 대한 편의 공여 방안 의뢰 건〉을 비롯한 여러 공문서 내용을 연결해 보면, 일본군'위안부' 제도가 어떻게 운영되었는지 알 수 있다. 일본 군부와 정부는 단순히 위안부 이송만 도운 것이 아니었다. 위안부 징집, 이송, 배치, 관리 등 모든 과정에 관여했다.

일본 군부는 모집 인원 배당, 위안소 설치, 이송까지 직접 관여하고 챙겼다. 일본 정부 내무성은 지방별로 얼마나 모집해야 하는지 파악하고 모집 인원을 배분했다. 또한 각 현에 관련 문서를 보내 위안부 모집을 독려하고 인솔자를 선정하는 일에도 직간접으로 개입했다. 신분증명서 발급이 어려울 경우 군과 연락하여 모든 절차를 생략하고 헌병에게 인계하여 목적지까지 이동시켰다. 철도나 군용 트럭으로 이동시킬 때도 있었으나 많은 수의 위안부를 보낼 때는 원활한 수송을 위해 군용선을 사용했다. 무관실에서 위안소를 설치하고 위안부에 대한 건강관리, 성병 검사 등이 즉시 이루어지도록 조치했다.

정리해 보면 일본이나 식민지에서의 위안부 동원은 대략 다음과 같은 절차에 따라 진행되었음을 짐작할 수 있다.

각지의 파견군 사령부가 위안부 동원지로 의뢰인(모집업자) 파견 → 동원지 정부(혹은 영사관)나 군사령부에 협조 요청 → 주선인(위안소업자)에게 위안부 모집 의뢰→ 주선인의 위안부 모집 → 행정 부처의 협조에 의한 국외 이송 → 파견군에 의한 이송 및 배치

일본군 위안소는 여러 형태가 있었지만 모두 군이 관리하고 감독했다. 일본군이 직접 운영하는 위안소, 군의 감독과 통제를 받으며 업자가 운영하는 위안소, 군이 민간업자에게 위탁한 위안소 등 모두 마찬가지였다. 어떤 경우에도 군이 위안소 운

영의 중심에 있었다. 하지만 전쟁 당시 일본 군부와 정부는 위안부 모집에 '군의 지시' 혹은 '군이 관여'라는 말이 나올까 극도로 꺼렸다. 앞의 자료들에서 확인할 수 있듯이, 이런 지시를 군이 내렸다는 사실이 드러나지 않도록 철저히 단속했다.

전쟁터의 감옥, 위안소

1938년경 다소 누그러졌던 중국 본토의 일본군은 1941년부터 대반격에 나섰다. 일본군은 중국 공산당이 장악한 지역을 공격하여 모조리 죽이고 불태우며 빼앗는 작전(삼광작전)을 실시했다. 그리고 1941년 12월, 일본은 미국의 진주만 해군기지를 기습적으로 공격했다. 일본의 포탄이 미국 영토인 하와이 진주만에 떨어지면서 제2차 세계대전의 전선이 크게 확대되었다. 미국과 영국은 즉각 일본에 선전포고를 했다. 당시 인도네시아를 식민 통치하고 있던 네덜란드도 연합국의 일원으로 일본에 선전포고를 했다. 아시아태평양전쟁의 시작이었다.

일본은 독일, 이탈리아와 한편이었다. 제국주의 국가 일본은 아시아태평양 지역에 있던 영국, 프랑스, 네덜란드, 미국 등 상대편 국가의 식민지를 점령해 나갔다. 1942년 2월 싱가포르, 3월에는 인도네시아를 점령했다. 점령 지역에는 군정을 실시했다. 프랑스가 지배하고 있던 인도차이나반도의 국가들, 영국령 말레이반도, 미국의 영향권에 있던 필리핀을 점령했다. 또한 미얀마(버마)를 지나 인도 국경선을 향해 진군했고, 이내 뉴기니에서 오스트레일리아 북부에 위치한 다윈 항구를 폭격했다. 파죽지세라 할 만했다.

일본군의 전선이 확대되면서 위안소도 동남아시아 전역으로 확대되었다. 히노마루(일본 국기)가 휘날리는 곳이면 어디나 위안소가 있었고 조선과 타이완 여성들, 점령지 여성들, 일본 여성들이 위안부로 동원되었다. 중국 북부에 100여 개, 중국 중부 지역에 140여 개, 중국 남부에 40여 개, 동남아 지역에 100여 개, 서남태평양 지역에 10여 개, 남부 사할린 지역에 10여 개 등 일본군이 주둔한 지역에서 약 400개의 위안소가 운영되었다고 알려졌다.

그렇다면 위안소는 어떤 곳에 설치되었을까? 대부분 군부대 감시가 가능한 곳, 관할 영역 안에 두었다. 위안소 건물은 점령지에서 확보하거나 자체적으로 짓기도 했다. 단위가 큰 부대나 병참이 관리하는 후방의 위안소들은 문묘, 교회, 개인 소유의

저택 등 대형 건물이나 깨끗하고 큰 집을 빼앗아 사용했다. 위안부를 격전지로 이동시킬 때는 이동식 간이 위안소를 설치해 운영했다.

> (군사들에게) 위안을 강구하는 일은 만주에 주둔한 일본 군대에 가장 시급한 일이다. (생략) 귀대해도 물질적인 위안도 없고, 기다리는 건 폐가와 같은 낡은 병영뿐이라면 그들의 마음은 거칠어지기 쉽다.
>
> (출처: 북중국 및 만주국 시찰보고, 1934.3)
>
> 전쟁에 참여한 병사들의 성욕을 오랜 시간 억제시키는 것은 자연히 중국 여인을 폭행하게 한다. 병참은 이를 염려하여 중국에 위안소를 재빨리 개설했다. 주요 목적은 장병들의 성을 만족시키고 국군의 위엄을 손상시키는 강간을 방지하는 데 있다.
>
> (출처: 육군병원 배속군 중의
> 하라오 오라오 〈전장의 특수 현상과 그 대책〉 중에서 1939.6)
>
> 제2조 특종 위안소 개설 취지는 장병들의 살벌한 기풍을 완화·조절함으로써 군기진작에 일조하기 위함이다.
>
> (출처: 〈모리카와 부대 특수 위안 업무에 관한 규정〉, 1939년 11월 14일 중에서)

(출처: 조윤수, 《일본군'위안부'》, 동북아역사재단, 2019.)

위안부에게는 위안소 밖 외출이 허가되지 않았다. 간혹 외출이 허가된 지역이라 해도 군에 의해 엄격히 통제되었다. 위안소 주변은 경비대가 24시간 순찰했다. 중국의 창저우에 주둔했던 독립공성중포병 제2대대가 작성한 '창저우 주둔간 내무규정(1938)'에는 "영업자(위안부)는 특히 허용된 장소 외에 외출하는 것을 금한다."고 되어 있다. 필리핀 군정감부 '비사야 지부 일로일로 출장소(파나이섬 일로일로시) 규정(1942)'에도 "위안부의 외출을 엄중 단속", "일로일로 출장소장 허가 없이 데리고 나가는 것을 엄히 금한다."는 조항이 있다. 산책도 오전 8시부터 10시까지로 제한하고 산책 구역 역시 공원을 둘러싼 한 블록 이내로 한정하여 그 바깥으로 나가지 못하게 했다. 위안소

중일전쟁 당시 상하이 양가택 위안소

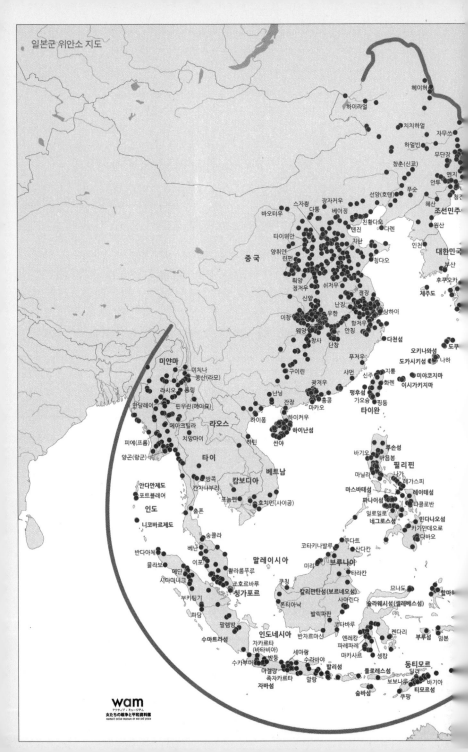

일본군 위안소 지도

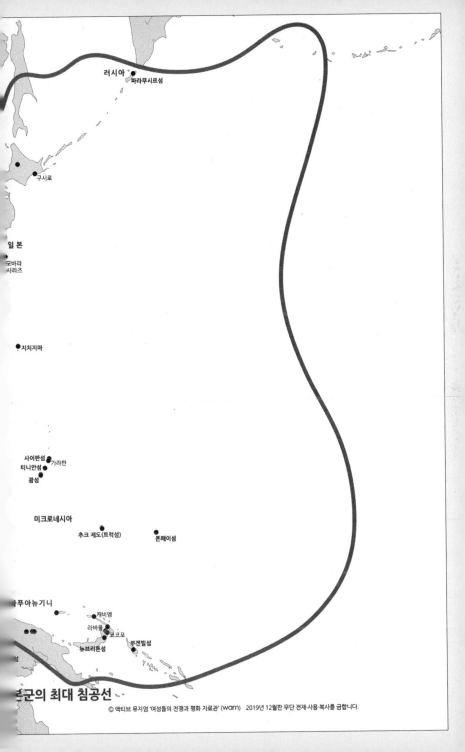

러시아
파라무시르섬

구시로

일 본
모바라
사라즈

지치지마

사이판섬 가라판
티니안섬
괌섬

미크로네시아

추크 제도(트럭섬)   폰페이섬

파푸아뉴기니
캐비엥
라바울 코코포
뉴브리튼섬   부겐빌섬

군의 최대 침공선

© 액티브 뮤지엄 '여성들의 전쟁과 평화 자료관' (wam) 2019년 12월판 무단 전재·사용·복사를 금합니다.

는 출입을 통제하는 감옥 같은 곳이었다.

　군의 통제 안에 있던 위안부들은 마음대로 '일'을 거부할 수 없었다. 위안부는 공창제에 의해 자기 의지로 영업 계약한 매춘부이고, 자유롭게 폐업할 수 있었다는 일부의 주장은 실상과 거리가 멀다. 그들이 말하는 자유 폐업은 일본 공창제 유곽에서 성매매를 하던 여성이 그만두고 싶을 때, 경찰서에 언제라도 폐업 신고를 할 수 있는 규정을 뜻한다. 그러나 일본에서도 자유 폐업은 현실적으로 유명무실했거니와 군에 의해 운영

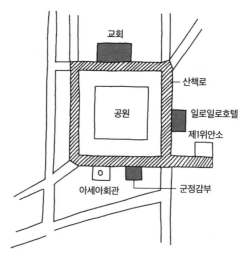

군정감부 비사야 지부 일로일로 출장소에서 일로일로 헌병분대에 보낸 위안소 규정 중 일부이다. 위안소 이용 규칙 안에 ▨▨로 표시된 부분이 산책 허용 구역이다.

된 위안부 제도에서 폐업 규정 따위는 애초부터 존재하지도 않았다.

전쟁도구, 인간 군수품 일본군'위안부'

군인 대부분은 위안소 여성들을 군수품 정도로 생각했다. 목숨을 위협받는 군인들은 전쟁 스트레스가 풀릴 때까지 온갖 수법으로 여성들에게 폭력을 가하고 학대했다. 조금이라도 불만을 표현하거나 저항하는 여성들은 심한 처벌을 받았다. 정기적인 성병 검사 또한 이들에게는 또 하나의 폭력이었다. 혹시라도 성병에 걸리면 관리자에게 심한 욕설을 듣고 버려지거나 '606호'* 같은 치명적인 약물 주사를 처방받았다.

위안소 여성들은 일본식 이름으로 불렸지만, 병사들끼리는 여성의 국적을 대명사 삼아 불렀다. 그리고 위안소에 다녀오는

*   606호는 아르스페나민Arsphenamine 주사의 별칭이다. 아르스페나민은 독일의 의사 파울 에를리히가 606번째로 합성한 비소화합물로 매독 치료에 특효를 보아, 살바르산Salvarsan이라는 상표명으로 상용화되었다. 매독, 회귀열 등에 특효약으로 알려져 널리 사용되었으나 부작용이 심했다.

일을 '정벌'이라고 표현하기도 했다. 병사들은 위안소에서 여성들을 전쟁터에서 적군을 대하듯이 정복의 대상으로 취급했고, 여성들을 폭행하며 정복자로서 우월감에 젖었다. 또한 상관에게 구타당했던 울분과 전쟁 스트레스를 자신들보다 약자인 위안소 여성들에게 풀었다. 여성들은 구타, 고문, 집단 강간, 나아가 살해당하는 일도 있었다. 골방에서 자행되는 병사들의 폭력적인 행동을 고스란히 감내할 수밖에 없었다. 전쟁이 길어질수록 병사들의 비인간화와 위안부의 노예화는 점점 더 심각해졌다.

일본의 유명한 만화가 미즈키 시게루는 전쟁터에서 일본군 '위안부' 제도를 경험했다. 그는 상관으로부터 '위안소에 다녀오라'는 말을 듣고 위안소를 방문한 경험을 《카란코론 표박기 게게게 선생 많이 말한다》라는 책에서 생생하게 기술했다.

상등병이 미즈키에게 명령한다.
"너도 다녀와!"
[이하 미즈키의 독백]

그래서 위안소 앞으로 갔는데 병사들이 길게 줄 서 있었다.
일본인 위안부 판잣집 앞에는 100명 정도,

오키나와인 위안부 판잣집 앞에는 90명 정도,

조선인 위안부 판잣집 앞에는 80명 정도였다.

이렇게 많은 사람을 세 명이 처리해야 하다니.

긴 행렬을 보고, 도대체 언제 내 차례가 올까 생각했다.

한 사람당 30분이라고 해도 도저히 오늘 중에 할 수 있다고 생각되지 않았다. 이렇게 기다리다 일주일 정도는 걸릴 것 같다.

그러나 병사들은 언제 죽을지도 모른다며 쉽게 거기서 떠나지 않는다. 아무리 끈질기게 기다려도 헛된 일이라고 생각한 나는 줄을 떠나려고 했다.

그런 다음 조선인 위안부의 집을 바라보았다.

바로 그때 조선인 위안부가 화장실에 가려고 판잣집에서 나왔다.

......

아무리 생각해도 이 세상의 일이라고는 생각할 수 없었다.

이제부터 80명 정도의 병사들을 상대해야 한다.

여기가 바로 지옥이다…….

[장면이 바뀌어 현대. 서재의 의자에 앉아 눈을 감고 이제 노인이 된 미즈키는 생각에 잠긴다.]

병사들도 지옥이었겠지만, '위안부'들은 비교조차 할 수 없을 만큼 지옥이지 않았을까……. 가끔 위안부에 대한 배상 이야기가 신문에 나오는데, 체험하지 않은 사람은 이해할 수 없겠지만, 그곳은 지옥이었다. 그러니 위안부에게는 배상해야 한다고 나는 늘 생각한다.

(출처: 호사카 유지, 《신친일파》, 봄이아트북스, 2020.)

위안부들은 황국신민화 교육도 받았다. 조회에 참석하게 하고, 황국신민의 서사를 외우고 일본 군가도 부르게 했다. 전쟁 말기가 되면 연합군의 선전에 대응하여 위안부를 상대로 집중적인 방첩 교육을 실시했다. '일본군이 이겨야 돈을 받을 수 있다.', '일본군이 이겨야 귀국할 수 있다.', '연합군에게 붙잡힐 경우 고문당한다.'라고 반복적으로 교육하여 그대로 믿게 만들었다.

그러므로 위안부들이 전쟁에서 적극적으로 일본군에 협력했다고 이해하면 안 된다. 노예 상태에서 상황에 적응하여 생존하려 했을 뿐이다. 주인의 비위를 맞추고 주인을 옹호하는 노예가 있다고 하더라도 노예제도의 본질적 문제는 바뀌지 않는다. 살기 위해 적응하고 일본군과 정서적으로 교감한 몇몇 사례가 위안부 제도의 폭력성과 본질을 바꾸지 못한다. 그 범죄 사실 역시 사라지지 않는다는 점을 분명히 해야 한다.

누가 가해자이고, 누가 피해자인가?

일본군'위안부' 제도는 일본군이 더 잘 싸우도록 하기 위해 여성들을 동원하고 성을 착취한 가해자와 피해자가 분명한 역사적 사실이다. 최고의 가해자는 일본 군부와 정부이다. 조선인 모집업자의 책임을 물어야 할 부분도 있다. 그러나 모집업자의 책임이 위안소와 위안부 제도를 계획하여 만들고 실행하며, 모집업자를 뜻대로 움직인 일본 군부나 정부보다 더하다고 할 수 있을까? 나치와 히틀러보다 수용소로 유대인을 데려간 군인들이 더 큰 잘못을 했다고 말할 수 있을까? 조선인 출신 위안부 모집업자가 남긴 기록《일본군 위안소 관리인의 일기》는 업자의 이익을 위해 군에 복종하여 위안소를 만든 것이 아니라 군부대의 지시와 요구에 따라 여성을 연행하였음을 증명한다.

일본의 우익 학자 하타 이쿠히코는《위안부와 전장의 성》에서 일본의 공창제와 조선의 공창제, 세계 각국의 군이 관여한 매춘 시설들을 설명한 다음, 일본군'위안부' 제도 역시 그중 하나이므로 크게 문제 삼을 일이 아니라는 결론을 내렸다. 한국에도 조선시대 기생으로부터 한국전쟁기 한국군'위안부'까지, 매매춘의 역사 속에서 일본군'위안부'를 이해해야 하며 일본군'위안부'만 잘라 내서 일본의 책임을 묻는 것은 공평하지 않다고 주장하는 사람들이 있다.

계속 논란이 되고 있지만 일본군'위안부' 제도는 공창제와 구분해서 봐야 한다. 공창은 국가의 허가를 받아 민간에서 운영했다. 일본군'위안부'와 위안소는 민간이 아닌 군부에서 시종일관 운영하고 관리했다. 여성에 대한 주기적인 성병 검진은 공창제의 것을 가져와서 적용했으나 위안부를 모집하여 이송하고 위안소를 운영한 방식은 공창제와 달랐다. 공창제의 '성폭력 구조'를 계승했지만, 둘의 두드러진 차이점은 일본 군부와 정부의 관여 방식에 있었다. 최전선 참호에서조차 '위안'을 강요할 수 있었던 것은 위안부와 위안소를 일본군의 일부, 군속으로 취급했기에 가능한 일이었다.

위안소 제도에서 일본 군부와 정부는 모집업자나 위안소 경영자 등의 위법행위를 단속하는 입장에 있지 않았다. 그들은 위안소 제도를 만들고 위안부 여성을 징모하는 위법행위를 기획, 지휘하고 수행한 가해자 측의 머리이자 몸통이었다.

"공창이라면 문제될 것이 없다."는 일부 인사의 주장도 심각한 문제이다. 앞서 보았듯이 공창제 자체가 여성의 차별과 희생을 정당화하는 전쟁 국가 일본의 제도였다. 다른 서구 나라들이 운영한 공창제는 그것대로 역사적으로 평가하고 비판하여 책임 소재를 따질 일이다. 한국군'위안부' 역시 마찬가지이다. 그들을 빌미 삼아 "왜 일본만", "왜 일본군'위안부'만"이라고 말해서는 안 된다.

또 다른 군'위안부'가 있었다

요즘 사람들에게 군'위안부'는 일본군'위안부'를 바로 떠올리게 한다. 그런데 일본군'위안부' 외에 미군'위안부', 한국군'위안부'도 있었다고 하면 대부분 깜짝 놀란다. 또한 한국군'위안부'라는 말에 낯설음을 넘어 불쾌감을 드러내는 사람도 많다.

"실질적으로 사기 앙양은 물론 전쟁 사실에 따르는 피할 수 없는 폐단을 미연에 방지할 수 있을 뿐 아니라 장기간 대가 없는 전투로 인하여 후방 래왕이 없으니 만치 이성에 대한 동경에서 야기되는 생리작용으로 인한 성격의 변화 등으로 우울증 및 기타 지장을 초래함을 예방하기 위하여…"

1956년 육군본부 군사감실에서 편찬한 《후방전사》(인사편)에 나오는 내용이다. 2002년경 한 연구자가 이 내용을 찾아내자 군에서는 《후방전사》를 열람할 수 없는 자료로 분류해 버렸다. 위의 인용문은 한국전쟁 중 '특수위안대'로서 한국군'위안부'를 운영한 목적에 해당하는 부분이다.

일본군'위안부' 문제가 오랫동안 제대로 말해지지 못한 억압된 기억이었듯이, 한국전쟁 당시의 한국군'위안부'도 오랜 냉전으로 인해 '세상에 알려질 수 없는' 문제였다. 이 문제를 추적해 온 연구자들은 일본군'위안부' 제도가 한국군'위안부', 미군'위안부'라는 이름으로 한국전쟁 시기에 되살아났다고 말한다. 모든 군'위안부' 제도는 여성을 대상으로 한 국가의 전시 성폭력이다. 인정하기 힘들고 불편한 기억이지만, 이를 외면하지 않을 때 일본제국주의가 남긴 식민주의 유산을 청산할 수 있다.

'위안부' 피해 여성들은 무슨 일을 겪었는가?
: 강제, 노예, 폭행

일본군'위안부'라는 역사적 사실을 부정하고 부인하는 사람들은 그 제도의 본질과 진실이 무엇이며 어떤 일이 벌어졌는지 밝히는 데 있어 피해 여성들의 증언을 인정하지 않으려고 한다. 또한 피해자들이 언론이나 법정에서 증언하는 내용이 자꾸 바뀐다며 믿을 수 없다고 말하고, 심지어 누군가가 시켜서 거짓 증언을 한다는 모욕적인 말까지 서슴지 않는다. 그리고 오직, 전쟁 중 일본 군부와 일본 정부가 남긴 공문서 내용만을 근거로 삼아야 한다고 주장한다.

모든 사람의 기억은 불완전하고 자기중심적이다. 게다가 일본군'위안부'와 같은 인간의 한계를 넘나드는 상황에 대한 트라우마는 보통의 기억과는 다를 수밖에 없다. 피해자들의 기억은 기억해야 할 사건이나 사실 그 자체로 생명을 위협하는 상황에서 벌어진 일이다. 그리고 피해를 당한 이후 수십 년 동안 '기억하지 않으려고 몸부림치다'가 억지로 끄집어 낸 기억이다. 그렇게 억압된 기억이 보통 사람들의 엊그제 기억과 같을 수 있을까?

수십 년 전 누구인지 모르는 사람에게 이끌려, 자신의 의사와 관계없이, 한 번도 가 본 적이 없는 장소로 이동했다면, 도대체 여기가 어딘지, 배를 탔는지, 트럭을 탔는지 어떻게 세세히 기억할 수 있을까? 그런 곳에 끌려간 할머니들의 기억이 한두 곳 틀렸다거나 부정확하다고 해서 모든 증언이 거짓이라는 주장은 상식에 어긋나는 억지이며 역사학을 연구하는 자세와도 거리가 멀다.

피해자의 기억과 증언이 부정확할 수도 있다는 사실은 구술사, 구술 증언을 연구하는 학자들도 인정한다. 피해자의 증언은 중요한 역사적 자료지만, 그 내용이 곧장 일본군'위안부' 제도라는 '역사적 사실'이 되지 않는다. 피해자 증언은 그러한 역사적 사실과 현상 속에 있었던 개인의 경험이다. 같은 제도 아래 살았던 사람들이라 해도 모두 같은 경험과 기억을 가질 수는 없다.

따라서 개인의 증언으로부터 '역사적 사실'이나 그것을 뒷받침하는 증거를 찾아내려면, 다른 증언들과 교차 검토하고 비교하며 세밀하게 살펴야 한다. 또한 역사연구를 통해 밝혀진 당시의 상황와 맥락, 여타 제도나 사회구조와의 관계를 종합적으로 파악하여 실체를 추론해야 한다. 구술이나 증언의 '말 한마

디', '글자 하나'를 가지고 꼬투리 잡기보다 그 안에 숨어 일관되게 흐르는 의미를 짚어 내려는 노력이 필요하다. 같은 전쟁을 겪은 군인들의 기억 역시 마찬가지이다. 다른 군인들에게 들은 기억과 자신의 기억이 뒤섞여도 그 기억이 잘못된 것이라고 말할 수는 없다.

일본군'위안부'를 부정하려는 사람들은 위안부 피해자들의 기억에만 유독 엄격한 잣대를 들이대려고 한다. 당시의 진실을 알려 주는 자료가 턱없이 부족한 상황에서 공문서에 드러나지 않는 역사적 사실을 밝히는 일에 피해자들의 기억은 결정적으로 중요하다. 새로운 문서나 사료를 어디서 찾을 수 있을지 기억에서 단서를 찾기도 하고, 기억을 따라가서 위안소로 추정되는 장소를 발견하기도 한다. 피해자들의 기억의 차이는 섬세하고 전문적인 도움과 연구로 채워야 할 부분이다.

김학순으로부터 시작된 피해자들의 증언은 일본군'위안부'라는 역사적 사실의 실체, 그 진실을 파헤치기 위한 사료史料가 될 수 있다. 그러나 증언의 의미는 사료적 가치에 그치지 않는다. 역사의 소용돌이에 휘말려 고단하고 고통스럽게 살아온 여성들의 기록이라는 점을 놓쳐서는 안 된다.

다음은 몇몇 피해 여성들의 증언을 간추려 옮긴 것이다. *

강덕경(1929년 2월~1997년 2월2일): 한국

경남 진주에서 태어난 강덕경은 일찍 아버지를 여의었다. 어머니가 재혼하여 외가에서 자랐다. 1944년 강덕경의 어머니는 요시노국민학교에 딸을 입학시켰다. 일본인 담임교사가 가정방문을 와서 "일본으로 가는 것은 천황 폐하에게 충성을 다하는 길이다. 흰쌀밥을 먹고, 돈도 벌 수 있고, 공부도 계속할 수 있다."며 일본 공장으로 갈 것을 권했다. 결국 강덕경과 같은 반 친구 두 명이 여자근로정신대로 일본에 가게 되었다.

진주에서 50명이 기차를 타고 출발해, 마산에서 50명, 부산에서 50명을 더 만났다. 150명이 부산에서 발대식을 했다. 인솔자는 "너희는 이제부터 대일본제국을 위해 여자근로정신대로 일하게 된다."고 말했다.

일본에 도착한 뒤 시모노세키에서 연락선을 타고 도야마현으로 가서 후지코시라는 공장으로 갔다. 그곳에서 여러 달 일했다. 하루 12시간씩 주간과 야간을 교대하며 일했다. 급료는

* 간추린 내용은 여러 한계가 있으니 증언집이나 관련 웹사이트에서 전체 내용을 찾아볼 것을 권한다.

"예금을 하고 있으니 돌아갈 때 주겠다."고 했다.

배고픔과 고된 일을 견디다 못한 그는 공장 기숙사를 탈출했다. 길을 잃고 헤매다 일본군 헌병을 만나 트럭에 실려 어딘지 모르는 군부대로 갔다. 부대에는 조선인 여자 아이들이 5~6명 있었다. 그곳에서 성폭행을 당했다.

얼마 뒤 트럭에 실려 다른 부대로 끌려갔다. 산기슭에 있는 방공호 속에서 병사를 상대해야 했다. 도야마에서 근로정신대로 일할 때도, 도망가다 잡혀 위안부로 끌려갔을 때도 돈을 받은 적도 없고 본 적도 없었다.

아픔을 치유하기 위해 시작한 강덕경의 그림은 일본군'위안부' 피해자의 삶을 증언하며 기록성과 예술성을 인정받았다.

〈마츠시로 위안소〉. 강덕경이 두 번째로 끌려간 마츠시로 위안소를 그린 작품이다.

어느 날 전쟁이 끝났다. 한동안 일본에 머물다 귀국선을 탈수 있었다. 전쟁이 끝나고 임신 사실을 알았다. 아이를 낳은 뒤 집으로 돌아갔지만 강덕경의 어머니는 아이 딸린 딸을 받아들이려 하지 않았다. 고아원에 맡겼던 아이는 네 살에 죽었고 강덕경은 온갖 잡일을 하며 평생 혼자 살았다.

박영심(1921년 12월 15일 ~ 2006년 8월 7일): 북한

평안남도 남포시가 고향인 박영심이 18세 되던 1938년에 일본은 중국 난징을 점령했다. 그해 3월 박영심은 일제의 '처녀

공출'에 걸려들었다. 평양역에 도착하니 이미 10명이 넘은 조선 여성이 끌려와 있었다. 기차와 자동차를 타고 중국 난징으로 끌려갔다. 일본군 병영에서 약 500미터 떨어진 곳에 3층 벽돌집 긴스이루 위안소가 있었다. 그곳에서 박영심은 '우다마루'라는 이름으로 불리며 2층 19호에 배치됐다.

매일 일본군을 상대했으며 저항하면 매를 맞았다. 3년을 버티다 타이완을 거쳐 싱가포르로 이동했다. 1년 뒤 미얀마의 랑군을 거쳐 라시오에 있는 이카쿠루 위안소로 옮겨졌다. 2년쯤 지난 1943년 여름, 다시 미얀마와 중국의 국경 지대인 쑹산으로 끌려갔다. 쑹산은 치열한 전투가 계속되던 최전선이었다. 매일 수많은 포탄이 날아와 터졌다. 언제 죽을지 모를 전쟁터에서 한 사람의 여성이 하루 수십 명의 군인을 상대해야 했다. 대다수 위안부가 병에 걸려 죽거나 폭격에 죽고 소수만이 살아남았다. 1944년 9월 7일, 중국군의 반격으로 쑹산의 일본군 수비대가 전멸했다. 진지에 숨어 있던 박영심은 만삭의 몸으로 목숨을 걸고 탈출했다. 아이는 뱃속에서 죽고 박영심은 죽을 고비를 넘겼다.

쿤밍의 포로수용소에 수개월간 있다가 김구가 이끄는 '대한민국 임시정부'로 인도되었다. 배 편으로 인천으로 들어와 서울

전쟁이 끝난 후 버려진 위안부들. 오른쪽 임신한 여성이 박영심이다.

을 거쳐 고향인 평안남도 남포로 돌아갔다. 그리고 위안부였다
는 사실을 숨긴 채 살았다. 결혼을 했지만 아이를 낳지 못했다.

그는 1993년 세상에 이름을 알렸다. 피해를 알려 한을 풀고
싶어서였다. 2000년 12월, 도쿄에서 열린 '일본군 성노예 전범
여성 국제 법정'을 준비하는 중에 과거 연합군이 찍은 위안부
사진에 박영심이 있다는 사실이 밝혀졌다.

2003년 11월, "나는 진실을 말하고 있다. 어떤 곳에 끌려갔
는지 알고 싶다."며 일본의 활동가들과 함께 자신이 위안부 생
활을 강요받았던 난징과 쑹산을 답사했다. 중국은 쑹산 일대에

서 벌어진 비극적인 전쟁을 기억하기 위해 비석을 세웠다.

문옥주(1924년 4월 3일~1996년 10월 26일): 한국

문옥주는 대구에서 태어났다. 독립운동에 관여했다는 아버지는 젊어서 죽고, 아이가 넷이라 원래 찢어지게 가난했던 집은 더욱 생활이 힘들어졌다. 문옥주는 나이를 먹으면서 이리저리 돈 벌 궁리를 했다. 열두 살이 되면서는 일본 후쿠오카에 있는 요릿집에 가서 아이보기와 심부름을 했다. 열세 살이 되었을 때 주인이 문옥주를 어딘가로 팔아 버리려 하자 도망 나와 집으로 돌아왔다. 가족은 생계를 문옥주에게 의지했다.

열여섯 살이던 1940년 가을, 친구 집에서 놀다 집으로 돌아오는 길에 일본인 헌병과 조선인 헌병, 조선인 형사가 불러 세웠다. 그길로 대구역에서 기차에 태워져 중국과 러시아 국경 지역에 있는 북만주 헤이룽장성에 도착했다. '군폴'이라는 이름의 커다란 민가에 들어가니 젊은 조선 여성이 20명 정도 모여 있었다. 열여섯 살의 문옥주 말고도 열넷, 열다섯 정도 된 여성들이 있었다. 문옥주는 "매일매일 울었지만 울어도 울어도 남자들이 왔다."고 당시를 떠올렸다. 일주일에 한 번씩 군의관이 와서 성병 검사를 했다. 병들고 싶지 않으면 검사를 받으라고 했기 때문에 부끄러웠지만 주저하지 않았다.

위안소에서 열일곱 살이 된 문옥주는 담배를 피웠고 술도 마셨다. 그렇게라도 하지 않으면 일본군을 상대하며 살아갈 수가 없었다. 외출 허가를 내줄 수 있는 헌병에게 잘 보이려고 노력하고 조른 덕에 얻은 증명서를 가지고 어머니를 간병하고 돌아오겠다며 위안소를 도망쳐 나와 집으로 돌아갔지만 가난은 그대로였다.

노래와 춤에 재주가 있었던 문옥주는 기생이 되어 돈을 벌기로 마음먹고 달성권번*에 입학했다. 1년쯤 지난 1942년 여름 무렵 일본군 식당에 일하러 가자는 친구들의 말에, 식당 일이라면 기생보다 훨씬 낫겠다 싶어 길을 나섰다. 부산에 도착해서 일본 이름을 쓰는 조선인 남자가 여성들을 인솔해서 군 전용으로 보이는 부두로 데려갔다. 150명에서 200명 정도 되는 여성이 모여 있었다. 군인들이 큰 소리로 지시하자 모두 배 안으로 들어갔다. 1942년 7월 10일, 배는 남쪽을 향해 출발했다. 1942년 8월 20일, 미얀마 랑군에 도착했다. 다시 트럭에 태워져 밤새 달려 멈춘 곳은 정원이 있는 커다란 민가, 위안소 앞이

---

* 권번券番은 일제강점기에 직업적인 기생을 길러 내던 교육기관으로 기생들이 기적妓籍을 두고 활동하던 기생조합이다.

문옥주가 구술하고 모리카와 마치코가 정리한
책 《문옥주, 버마전선 방패사단의 위안부였던
나》. 한국어판은 《버마전선 일본군'위안부' 문옥
주》라는 제목으로 2005년에 출간되었다.

었다. 문옥주는 살아남고자 꿋꿋이 버텼다.

　전쟁이 끝나고 문옥주는 자신에게 일어난 일에 대해 결코 입을 열지 않았다. 김학순의 공개 증언을 보면서도 묵묵히 있었다. 하지만 1991년 12월, 한국에서 두 번째로 위안부 피해자임을 공개적으로 드러냈다. 그는 자신의 경험을 구술하고 피해 현장을 답사했다. 그리고 작가 모리카와 마치코와 함께 《문옥주, 버마전선 방패사단의 위안부였던 나》라는 기록을 남겼다.

문옥주는 정말 '돈'을 많이 벌었을까?

최근 문옥주의 구술 증언 내용을 들며 '위안부는 성노예가 아니었다.'라는 주장을 펴는 사람들이 있다. 그들은 《문옥주, 버마전선 방패사단의 위안부였던 나》를 증거로 제시한다. 하지만 이 책의 내용을 꼼꼼히 역사적 맥락에 따라 읽어 보면 오히려 그런 주장을 반박하는 근거가 된다.

첫째, '귀국'에 대한 것이다. 문옥주는 미얀마에서 위안부로 있던 중 공습이 심해져 위험해지자, 그곳을 벗어나기 위해 자신에게 호의적인 일본 군의관에게 부탁해서 '폐병 환자'라는 거짓 진단서를 받아 냈다. 그것을 들고 귀국할 생각이었던 것이다. 이는 계약이 만료되어 가능했던 것이 아니라 스스로 벗어나기 위해 벌인 행동이었다.

둘째, 일본 병사를 죽인 뒤 법정에서 "우리도 일본인이다."라고 한 발언이다. 이는 문옥주자 살아남기 위해 일본 판사에게 한 말이다. 일본인으로서의 자의식 때문이 아니라 살아남기 위해서였다고 보는 것이 타당하다.

셋째, 일본 장성의 4년치 연봉에 해당하는 돈을 모았다는 것이다. 당시 동남아시아 지역의 인플레이션을 감안하면, 많은 액수가 아니다. 통계의 착시 현상을 이용해 위안부들이 고수익을 올린 것처럼 보이려는 주장이다.

문옥주는 강인한 여성이었다. 그가 후대를 위해 남긴 증언은 살아남기 위해서 발버둥 쳤던 일본군'위안부' 피해 여성, 전시 성노예 피해 여성의 기록이다.

시로타 스즈코(가명)(1921~1993년): 일본

일본 지바현의 남서쪽 끝 다테야마시에는 부녀자 보호시설

'가니타 부인의 마을'이 있다. 이곳은 일본에서 매춘방지법이 시행된 뒤, 사회에 적응하지 못하고 가족이 없는 성매매 여성들을 돌보고자 만들어졌다. 이곳 사람들은 농사, 손뜨개, 요리, 간호, 세탁 등의 일을 하며 살고 있다. 이곳에 살던 시로타 스즈코는 스스로 위안부였음을 세상에 밝힌 일본 여성이다.

도쿄에서 태어난 시로타 스즈코는 어린 시절 유복하게 자랐지만, 여학교 2학년 때 집안이 몰락하자 남의 집에서 아이보기를 하다가, 요코하마의 유곽으로 팔려 갔다. 그리고 17세에 타이완의 해군 전용 위안소로 보내졌다. 어떻게든 집에 돌아가고 싶어서 손님 한 명을 속여 위안소를 탈출해 귀국했지만, 집안에서는 자신을 받아 주지 않았다. 동생들이 배고픔과 질병으로 고생하는 것을 보고 다시 남태평양제도(남양군도) 위안소로 갔다. 사이판에서 팔라우까지 곳곳의 위안소로 옮겨 다니는 동안 조선과 오키나와에서 온 어린 여성들을 만났다. 전쟁이 끝나고 시로타 스즈코는 일본으로 돌아왔다.

스즈코는 자포자기한 상태로 유곽을 전전하며 살았다. 그러다가 가니타 부인의 마을로 들어갔다. 전후 40년이 되어가던 1984년, 시로타 스즈코는 옛날에 같이 있었던 위안부들이 떠올라 견딜 수가 없었다. 그래서 가니타 부인의 마을 설립자인

후카쓰 후미오 목사에게 자신이 위안부로 끌려다니며 당한 일을 털어놓고, 한국을 포함한 여러 나라의 위안부들을 위한 위령비를 세워 줄 것을 부탁했다. 시로타 스즈코는 그렇게 하는 것이 전쟁터를 빠져 나와서 살아남은 자의 의무라고 생각했다. 일본 여성으로 자신이 일본군'위안부'였음을 밝힌 것은 시로타 스즈코가 처음이었다.

처음에는 나무로 비碑를 세웠으나 기부금이 모여 1986년에는 '아! 종군위안부噫 從軍慰安婦'라고 새긴 돌로 된 진혼비를 완성했다. 시로타 스즈코의 증언과 활동으로 일본에서 위안부 문제가 사회적 과제로 관심을 받게 되었고 김학순, 문옥주의 증언 등을 계기로 한국과 일본 활동가들의 연대가 시작되었다. 그는 가니타 부인의 마을에서 살다가 생을 다했다. 일본에서는 아직까지 제2의 시로타 스즈코가 나타나지 않고 있다.

완아이화(1929~2013년)와 중국인 피해 여성들

중국은 중일전쟁의 전쟁터였던 만큼, 한국과는 또 다른 방식으로 피해를 입은 여성이 많았다. 일본군은 전쟁터, 점령지, 도시와 농촌을 가리지 않고 공공연하게 여성을 끌고 가 유린하고 학대했다. 특히 1938~1939년 사이에 산시성 위현 주변이 일본군에게 점령되고, 점령지가 확대되면서 여성들의 피해와 고통이 극심해졌다. 일본군은 '젊은 여자를 내놓으라.'고 협박해서 끌고 가기도 했고, 항일 세력을 토벌한다며 마을의 남자들을 살해한 다음 젊은 여성을 강제로 데려가 위안부로 삼기도 했다. 여공을 모집한다고 속여 강제로 위안부로 삼는 수법도 있었다. 전쟁터에서 강간과 성폭행은 위안부와 별개로 끊임없이 벌어졌다.

완아이화는 중국 여성으로는 처음으로 위안부 피해자임을 세상에 폭로했다. 고향인 산시성에서 14살이던 1942년 이후 일본군에게 세 차례나 붙잡혀 혹독한 학대와 성폭행을 당했다. 완아이화가 살던 양촨은 항일 정신으로 무장한 팔로군을 지지하는 대표적인 마을로 꼽혔다. 그래서 언제나 일본군의 표적이 되었다.

열다섯 살 때 세 번이나 붙잡혔고 마지막에 붙잡힌 건 마을이 포위당한 상태에서였어요. 팔로군 명단을 내놓으라며 일본군한테 지독한 고문을 당해야 했고, 그 때문에 갈비뼈가 부러져 버렸습니다. 집은 불타 버리고, 몸은 성한 구석이 하나도 없었죠. 가족도 뿔뿔이 흩어져 먹고살아 갈 길이 막막해졌어요.

증언에 의하면 완아이화가 세 번째로 붙잡힌 것은 1943년이었다. 일본군은 완아이화를 끌고 가 팔로군 명단을 내놓으라며 밤낮을 가리지 않고 돌아가며 괴롭히고 학대했다. 따귀를 때리며 귀걸이를 잡아당겨 귀가 찢어지는가 하면, 폭행을 당하는 동안 다른 군인이 그녀를 때려 갈비뼈를 부러뜨렸다. 허리뼈가 죄다 망가져 165센티미터였던 키가 147센티미터로 줄어들 정도였다. 죽은 줄 알고 강에 던져진 완아이화를 마을 노인이 발견해 살렸지만 3년이나 몸을 가누지 못하고 누워 지내야 했다. 몸은 완전히 망가지고, 가족이나 친척들로부터 더러운 여자 취급을 받았다. 완아이화는 마을을 떠나 외톨이로 삯바느질을 하며 살았다. 온갖 후유증에 시달리며 힘겨운 세월을 버텼지만 보상은 전혀 받지 못했다.

1992년부터 완아이화는 산시성의 위안부 피해자들과 함께 일본 정부를 상대로 사죄와 배상을 요구하며 일본 법원에 제소했다. 완아이화는 2000년 도쿄 법정에 증인으로 참석했다. 결과적으로 재판은 모두 졌지만 완아이화는 "일본이 역사를 똑바로 바라보도록 하고 싶었다."며 정의를 구하고 존엄을 회복하기 위해 법정 싸움을 벌였다고 말했다.

난얼푸(1912년생)는 1942년 봄 집으로 들이닥친 일본군들에게 끌려가 1년 8개월 동안 폭행을 당했다. 전쟁이 끝나고 집으로 돌아왔지만 "일본군과 함께 오래 있었다."는 이유로 감옥에 가기도 했다. 이후에도 낙인은 사라지지 않았다. 난얼푸는 결국 자살하고 말았다.

린야진(1924년생)은 1943년 다른 여성들과 벼를 베다가 무장한 일본군에게 끌려갔다. 그녀들은 '이상한 건물'에서 각각 작은 방에 갇혀 유린당했다. 그중에서 유일하게 살아남은 린야진은 문화대혁명 시기에 '일본 창녀'로 핍박받기도 했다.

이처럼 중국의 피해 여성들은 전쟁이 끝난 뒤에도 자신의 고향에서 다시 한번 피해와 상처를 입었다. '멀리 떨어진 곳'으로 끌려갔던 조선인 피해 여성들과는 또 다른 고통을 겪었다.

인도네시아의 피해자

1942년 3월, 일본군 남태평양 지역 사령부는 인도네시아에 위안소를 개설하기로 결정했다. 그리고 타이완 주둔 일본군 사령부를 통해 타이완 여성들을 칼리만탄 일본군 위안소로 보냈다. 인도네시아에 처음 생긴 위안소였다.

1943년부터 태평양전쟁의 상황이 달라졌다. 일본군이 연합군의 공격을 받아 수세에 몰리면서, 점령 지역 교통로인 바닷

길이 위험하고 불안해진 것이다. 그러자 중국, 조선으로부터 선박을 이용해 위안부를 데려오기가 점점 힘들어졌다. 결국 인도네시아 현지에서 위안부를 동원하는 쪽으로 방향을 돌렸다. 인도네시아에 거주하던 중국인들이 앞장서 현지 여성들을 모집하는 역할을 담당했다.

 사로니(질문자) - 부인은 일본을 따라온 것입니까, 아니면 일본이 강제로 데리고 온 것입니까?

 시띠 F(피해자) - 일본은 거짓말을 했지요. 그들이 말하기를 학교에 보내준다고 했는데, 아…

 사로니 - 부인은 언제, 어디서 속았다고 알게 되었습니까?

 시띠 F - 플로레스, 키사르에서 알게 되었지요. 나는 계속 울어야만 했습니다. 몸은 고통스러웠고, 일본인들은 쉴 새 없이 내 몸을 망가뜨렸지요. 생각해 보세요, 그때 나는 아직 어렸고 일본군은 무섭고 강했습니다. •

일본군에 의해 부루섬에 갇혀 성노예로 고초를 당한 한 피해

•　　쁘라무디야 아난따 뚜르, 김영수 옮김, 《인도네시아의 '위안부' 이야기》, 동쪽나라, 2019.

여성의 인터뷰 내용이다. 모집업자들은 인도네시아 현지 여성을 위안부로 동원하기 위해 식당 종업원이나 세탁부로 일하는 것이라고 거짓 선전을 했다. 10대 소녀들에게 싱가포르나 일본에서 학업을 계속할 수 있다고 했다. 이 거짓 약속은 입소문을 통해 퍼져 나갔다. 일본 식민 통치 정부에서 직책을 갖고 일하면서 13~18세의 딸을 둔 사람들은 딸을 내놓지 않으면 직책을 박탈하겠다는 위협을 당했다.

인도네시아 현지에서 여성을 모집하기가 점점 더 어려워지자 일본은 인도네시아 전역에서 유인과 납치를 자행했다. 인도네시아 전역에 약 40곳의 위안부 중간 집결지가 생겨났고, 이런 곳을 통해 수많은 인도네시아 여성, 특히 자바 지역 출신 여성이 지역 내에 있는 군부대 또는 해외에 있는 최전선 군부대로 끌려갔다.

일본 패전 이후, 인도네시아 위안부들은 그대로 버려졌다. 일부는 어렵게 고향으로 돌아갔지만 대부분은 현지에 내팽개쳐졌다. 위안부 출신이라는 주위의 따가운 시선이 두려웠고 집안의 체면을 중시하는 전통 때문에 고향으로 돌아가기를 포기한 여성도 많았다.

1993년 욕야카르타 법률구조단은 인도네시아 출신 위안부 피해자들의 등록을 받았다. 그 수는 1156명을 기록했다. 그러나 많은 위안부 출신 인도네시아 여성이 태평양전쟁 중이나 종전 후에 사망했을 것이고, 여러 이유로 등록하지 못했을 것이다. 그런 피해자들의 수가 얼마나 되는지 아직도 알 수가 없다.

미치나의 일본군'위안부'

123쪽에 수록한 오래된 흑백 사진은 일본군'위안부'를 찍은 것으로 널리 알려져 있다. 사진 속 몇몇 여성은 고개를 숙이고 있고, 대부분 시선을 피하고 있다. 사람들 뒤쪽으로는 철조망이 보인다. 누가 언제, 어떻게 찍은 사진일까?

최근 미국의 문서기록관리청에 소장되어 있던, 전쟁 당시 미군이 촬영한 사진들 속에서 한국의 한 연구 팀이 이 사진의 원본을 찾아냈다. 사진 속 장소는 미얀마 미치나 서쪽 비행장에 설치되었던 임시 수용소이고, 여성들은 1944년 8월 미얀마 북부 미치나에서 연합군에게 포로로 붙잡힌 일본군'위안부'였다.

이 여성들은 여러 날에 걸쳐 심문을 받았다. 그 결과가 두 개의 연합군 심문 보고서로 남아 있다. 하나는 미국전시정보국 심리전 팀이 작성한 〈일본인 포로 심문 보고서 49호〉이고, 다른 하나는 영국의 동남아시아번역심문센터가 작성한 〈심리전 회

보 2호〉이다.

보고서에 따르면 여성들은 일본군의 요청을 받은 업자들의 취업 사기 또는 강압에 의해 위안소로 간다는 사실을 모른 채 동원되었다. 1942년 5월, 조선군사령부의 요청에 따라 위안부의 모집이 시작되었다. 이들은 1942년 7월 10일, 부산항에서 703명의 다른 조선인 여성들과 함께 배 편으로 출발했다. 배를 타기 위한 승선권도 조선군사령부가 제공했다. 배는 타이완과 싱가포르를 거쳐 8월 20일 미얀마 랑군에 도착했다. 이것이 '제4차 위안대'*였다.

랑군에 도착한 여성들은 20여 명 규모의 무리로 나뉘어 흩어졌다. 사진 속 여성들은 일본군 18사단 114보병 연대로 보내졌다. 부대를 따라 타웅우, 메이크틸라, 삔우린을 거쳐 미얀마 북부의 미치나에 도착했다. 그때가 1943년 1월이었다. 미치나에는 교에이, 긴수이, 바쿠신로, 모모야 등 4개의 위안소가 있었고, 조선인과 중국인 위안부들이 있었다. 사진 속 여성들은 교에이 위안소에 있었다. 이 여성들은 미국의 보급기지와 포로수

* '제4차 위안대'는 《일본군 위안소 관리인의 일기》를 통해 확인할 수 있다. 당연히 1, 2, 3차 위안대가 있었겠지만, 구체적인 시기를 확인할 수 있는 자료는 아직 발견되지 않았다.

1944년 8월 14일 미얀마 미치나 서쪽 비행장에 설치된 임시 수용소의 조선인 '위안부'

용소가 있던 인도 아삼주의 레도로 보내졌다.

그 뒤 사진 속 여성들은 어떻게 되었을까? 정확히 알 수는 없다. 다만 여러 정황으로 짐작할 수는 있다. 영국 국립공문서관에 보관되어 있던 한 문서에 1946년 5월 17일 당시 인도 서부의 항구 카라치(현재 파키스탄 남부의 항구)에서 조선 여성과 아이등 24명이 연락선 말로하호에 승선할 예정이라는 짧은 보고가 있다. 이들 조선 여성이 위안부였는지 확인할 길은 없다. 그렇지만 당시 인도 서부 지역에 조선인이 거의 없었다는 점과 여성이라는 점 두 가지로 이들이 사진 속 위안부가 아닐까 조심스럽게 추측해 볼 수는 있다.

전쟁이 끝나고 수십 년이 흘렀지만 사진 속 여성들 중 그 누구도 자신이 입은 피해를 증언하지 못한 듯하다. 연합군이 남긴 사진과 보고서에는 '연합군의 시선'으로 그들의 이야기가 기록되었지만 정작 피해자들은 자신의 목소리로, 자신이 겪은 일에 대해 그 어떤 이야기도 남기지 못했다.

- 함께 이야기할 거리-

ㅇ 일본군'위안부'와 공창제를 같은 것이므로 '아무것도 문제될 것이 없다.' 는 주장을 어떻게 보아야 할까?

ㅇ 일본군'위안부'의 실체를 더욱 분명하게 밝히기 위해 앞으로 어떤 노력이 필요할까?

ㅇ 내가 제안하는 함께 이야기할 거리: _____

_____

세 번째 이야기

침묵의 고통을 넘어 연대하다

- 함께 생각할 거리 -

○ 일본군'위안부' 피해가 제대로 알려지지 못했던 이유는 무엇일까?
○ 일본군'위안부'를 전쟁범죄로 세상에 알리기 위해 누가 어떤 노력을 해 왔을까?
○ 일본군'위안부' 문제에 대한 일본과 한국 정부의 대응은 어떠했나?

전쟁터에 버려지다

아시아태평양전쟁에 뛰어들면서 일본은 '대동아 공영권 건설'을 내걸었다. 백인의 아시아 지배를 끝장내고 아시아인에 의한 아시아를 만들기 위해, 아시아인 모두가 일본을 중심으로 똘똘 뭉쳐야 한다는 주장이다. 일본의 아시아 침략을 정당화하기 위한 논리였지만, 유럽 제국주의 국가들의 식민 지배에 오랫동안 시달린 아시아인에게는 솔깃한 점도 없지 않았다. 조선 총독부의 전시 정책에 너나없이 시달리던 조선에서도 전쟁에 적극 참여하여 일본을 도와야 한다고 주장하는 친일 세력이 있었다.

일본은 동남아시아에서 서양 세력을 몰아낸다는 명분으로 미얀마의 아웅 산이나 인도네시아의 수카르노 같은 민족운동가들을 지원하면서 그 나라 사람들이 일본을 마치 '해방자'로 여기도록 하려 했다. 전쟁 막바지에는 독립을 미끼로 이들의 지원을 이끌어 내려고 했다. 하지만 동남아시아 국가를 점령한 일본군은 그 나라 사람을 차별하는 행동을 서슴지 않았고, 전쟁에 필요한 것이라면 물자든 사람이든 가리지 않고 수탈했다. 전쟁 물자로 석유가 필요해지자 정유공장이 있는 유전 지대인 인도네시아 팔렘방을 장악하고 이 지역에 위안소를 만드는 식이었다. 일본이 또 다른 제국주의 침략자일 뿐이라는 사실을 깨달은 동남아시아 국가들에서 다시 항일운동이 거세게 전개되었다.

일본이 승기를 잡는 듯했던 전쟁은 1942년 미드웨이해전에서 미국이 승리하면서 판세가 변했다. 일본군은 과달카날섬, 사이판섬 등에서 미군에게 피해를 주며 저항했지만 상황을 바꾸지 못했다. 일본이 차지한 필리핀을 다시 점령한 미군은 오키나와에 상륙하며 일본 본토를 공격해 들어갔다.

1945년 4월, 유럽에서 독일이 항복했다. 일본은 연합군의 공습으로 도쿄가 불타고 패배가 눈앞에 보이는 상황에서도 전쟁을 계속하려 했다. 1945년 8월 6일, 히로시마에 원자폭탄이 떨어졌다. 다음날 소련이 일본에 선전포고를 했다. 일본은 연합국에 항복 조건을 협상하자고 제안했다. 연합국은 이를 거부했다. 8월 9일, 나가사키에 원자폭탄이 떨어졌다. 8월 14일, 일본 정부는 포츠담선언을 수락했다. 그리고 즉시 중요 기밀문서를 없애도록 지시했다. 육군성은 육군 각 부대, 교육기관, 부속기관에 이러한 결정을 전달했다. 8월 15일, 히로히토 일왕이 무조건 항복을 발표했다.

전쟁 막바지에 일본군은 필요에 따라 위안부를 전쟁터 위문단으로, 간호부로, 방공호 설치를 위한 노역 대상으로 동원했다. 전쟁 기간 동안 군부대가 이동할 때마다 같이 움직여야 했던 위안부를 일본군은 어떻게 '처리'했을까? 전쟁에서 패배하고 후퇴하는 일본군에게 위안부는 쓸모없고 거추장스러운 존재였다. 이 때문에 학살하거나 전쟁터에 그대로 버렸다. 미얀마와 중국의 접경 지역 윈난, 그리고 사이판, 티니언, 팔라우 등 태평양의 섬들과 오키나와에서 학살이 확인되었다. 연합군과의 치열한 전투 끝에 일본군의 집단 자결이 있었던 곳이다.

1944년 미·중 연합군은 윈난성 쑹산과 텅충에 주둔해 있던 일본군을 공격해 9월 7일과 14일에 각각 함락했다. 미·중 연합군이 작성한 보고용 문서에는 텅충 함락 직전인 9월 13일 밤에 일본군이 조선인 여성 30명을 총살했다고 기록되어 있다.

1944년 중국 윈난성 텅충에서 패주하는
일본군에게 총살당한 위안부들

    1944년 과달카날섬, 사이판섬, 레이테섬을 점령한 미군은
필리핀과 태평양 일대를 접수했다. 그리고 1945년 3월 23일,
1400여 척에 18만 3000명의 병력으로 오키나와에 상륙했다.
근대 이전 독립 왕국이던 오키나와는 류큐 처분*을 명분으로
일본에 편입되었다. 오키나와에서는 일본 영토 중에 유일하게

*   일본은 1879년 3월 27일에 경찰과 군인 등을 동원해 '류큐번을 폐지하
고 오키나와현을 설치한다.'는 식의 명령을 전달하고, 8일 후인 4월 4일에 일본
영토로 편입시켜 오키나와현을 설치하였다.

강일출은 16세에 중국 무단(목단)강 위안소로 동원되었다. 장티푸스에 걸린 아픈 이들과 함께 트럭에 태워졌으나, 도착한 곳에서 본 것은 구덩이 속에서 총살당하고 불태워지는 여성들이었다. 구사일생으로 살아남은 강일출은 그 당시 상황을 〈태워지는 처녀들〉이란 작품으로 생생하게 기록했다.

연합군과 일본군 간의 지상전이 벌어졌다. 일본군은 본토를 지키기 위해 오키나와를 희생시켰다. 3월 말부터 6월 말까지의 전투에서 오키나와 수비대가 전멸하며 집단 자결과 민간인 학살이 있었다.

오키나와에도 일본군 '위안부'가 있었다. 오키나와의 위안부들은 전쟁터에 그대로 버려지기도 하고 퇴각하는 일본군 부대를 따라가다가 폭격, 굶주림, 질병 등으로 죽거나 미군의 포로가 되기도 했다. 말도 통하지 않고 환경도 낯선 타국의 전쟁터 위안소에 갇혀 있다가 버려진 위안부들은 당시 상황을 이해하고 판단할 능력이 부족했다. 결국 언제 어디서 총알이 날아올지, 언제 폭탄이 떨어질지 모르는 상황에서 위안부 피해자들은 자기를 지킬 수단도 없이 고립되었다. 연합군의 포로로 잡힌 이들은 어쩌면 운이 좋은 편이었다.

육지로 연결된 만주와 화북 지역에 남겨져 살아남은 위안부들은 어떻게 되었을까? 만주는 소련군이 진주해 있었고 중국의 국민당과 공산당이 전투를 벌이는 복잡한 정세 속에 있었다. 그 때문에 수개월, 또는 1년, 그 이상의 시간이 걸려 천신만고 끝에 육로로 돌아오거나 미국의 화물선, 병원선 등을 이용해 가까스로 돌아오기도 했다. 동남아시아, 태평양, 일본에는 위안부 외에도 전쟁에 동원된 군인과 군속이 상당한 수에 달했다. 이들도 우여곡절을 겪으며 배를 이용해 부산이나 인천으로 들어왔다.

전쟁터 현지에서 위안부로 동원된 여성들이 받은 군표는 일본의 패전과 동시에 휴지 조각이 되었다. 목숨값으로 악착같이 모은 저금이나 귀금속 등을 가지고 고향으로 돌아와 어떻게든 생활 기반으로 삼고자 했던 여성들도 있었을 것이다. 그러나 귀금속을 포함한 소지품은 배를 타거나 내릴 때 연합군 검색에 걸려 대부분 빼앗겼다. 연합국은 인플레이션을 막기 위해 금융 시장을 통제했다. 이런 상황에서 통장에 저축한 돈이 있어도 귀국 후에 환전이 거의 불가능했다. 피해자들은 고국 땅을 밟더라도 빈곤층이 될 수밖에 없었다.

끝끝내 돌아오지 못한 이들도 있었다. 멀리 떨어진 전쟁터에 버려진 후 돌아올 방법을 찾지 못해 헤매다가 시기를 놓치거나 자신의 처지를 비관하여 귀국을 포기하기도 했다. 귀국하다가 일본에 내려 그대로 머물기도 했다. 그리고 다른 이유로 돌아오지 못한 이들도 많았을 것이다.

전쟁이 끝나고 돌아오지 못한 사람들은 위안부 피해 여성만이 아니었다. 히로시마와 나가사키의 원자폭탄 피폭자들이나 징용에 끌려간 사람들도 돌아오지 못한 경우가 많았다. 이들의 피해는 전쟁이 끝난 뒤에도 계속되었다.

버려짐, 상처, 침묵 그리고 세상 속으로

김복동(1926년 5월 1일 ~ 2019년 1월 28일)

김복동은 경남 양산의 딸 부잣집 여섯 딸 중 넷째였다. 15세가 되던 1941년, 동네 구장과 반장이 계급장 없는 누런 옷을 입은 일본 사람과 함께 집으로 왔다. 그들은 김복동의 어머니에게 데이신타이(정신대)에 딸을 보내야 하니 내놓으라고 했다. 군복 만드는 공장에 가서 3년만 일하면 된다면서 기어이 김복동을 끌고 갔다. 그는 부산에서 다른 여성들과 배에 태워져 시모노세키와 타이완을 거쳐 광둥으로 끌려갔다. 거기서 군인 트럭에 태워져 위생병원 같은 곳으로 갔고, 일본 군의관이 강제로 성병 검사를 하더니 위안소로 데려갔다.

그렇게 위안소에서 버티던 어느 날, 트럭에 실려 부두로 끌려가 화물선을 갈아타고 홍콩으로 갔다. 위안소는 누군가의 큰집을 빼앗아서 개조한 건물이었다. 석 달쯤 있다가 다시 싱가포르로 이동했다. 군인들이 10명 정도의 위안부를 산속에 주둔한 부대로 데려가기도 했다. 몇 달 뒤 인도네시아 수마트라로 이동했다. 전쟁의 막바지 상황을 김복동은 다음과 같이 기억했다.

몇 달 있다가 인도네시아 수마트라로 이동했다.…… 어쩌다 쉬는 시간이면 우리는 모여 앉아 울기만 했다. 일본이 이겨야 집에 갈 수 있다는 생각에 일본이 이기기를 빌기도 했다. (그런

데) 어느 날 갑자기 위안소에 군인들이 오지 않았다.

일본군이 사라지면서 위안소 관리인도 도망쳤다. 김복동은

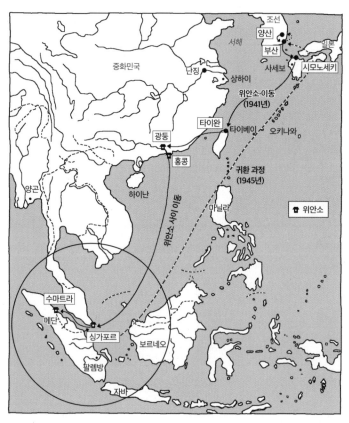

김복동의 이동 경로

육군병원으로 옮겨져 간호 훈련을 받았다. 그러던 중 일본이 패망하고 우여곡절 끝에 연합군의 포로가 되어 포로수용소로 옮겨졌다가 귀국선을 타고 몇 달 걸려 부산에 도착했다. 열다섯에 고향을 떠나 스물에 돌아온 것이다. 어머니의 권유에 못 이겨 결혼을 했지만 곧 헤어졌다. 어머니가 돌아가신 후 혼자 구멍가게를 하며 살았다. 이웃도 돕고 동네 사람들과도 교류하며 지냈다. 나라에서 위안부 피해 신고를 받는다는 사실을 알고 신고했다.

김복동은 위안부 피해 신고를 하고 가족과 멀어졌다. 그러나 지원 단체 활동가들과 만나면서 인권운동가로서 새로운 삶

전쟁과여성인권박물관에서 발언하는 김복동

을 시작했다. 1993년에는 오스트리아 빈에서 열린 세계인권대회에 참석했고, 유엔 인권위원회에도 찾아가 피해 사실을 증언했다. 전쟁 및 무력 갈등으로 성폭력 피해를 당한 전 세계 여성들을 지원하기 위한 나비기금을 만드는 일에도 앞장섰다. 미군 기지촌 여성들을 위한 운동, 노동운동, 통일운동, 평화운동에 힘을 실었다. 2015년 12월, 세계인권선언의 날 67주년을 맞아 대한민국 인권상 국민훈장을 받았다.

노수복(1921년~2011년 11월 4일)

1942년 21살 노수복은 부산에서 끌려간 뒤 싱가포르와 태국의 위안소에서 위안부 생활을 했다. 싱가포르에서는 아침에 일어나 군인들의 옷을 세탁하거나 청소를 했고 탄약통을 나르는 중노동도 해야 했다. 살기 위해 고난과 치욕을 견디며 거친 음식을 삼키고 시키는 대로 했다. 7, 8개월 뒤, 일본군은 위안부들을 군용 트럭에 실어 다른 지역으로 데려갔다. 위안부들은 소속 부대의 이동에 따라 옮겨 다녀야 했다.

노수복은 1년 가까이 군대를 따라 이동하면서 전쟁터의 참상을 보았다. 일본군은 진군하는 도중에 잡은 태국 여성들, 10여 세 안팎의 어린 소녀에게까지 몹쓸 짓을 하는가 하면, 어머니와 딸을 한자리에서 차례로 욕보이기도 했다. 노수복은 당시 상황을 다음과 같이 기억했다.

1945년 초 전세가 불리해지자 일본군 병사들은 더욱 포악해졌다. 태국의 동굴에서 여자들을 몰살했다는 소문까지 들려왔다. 우리는 거의 실어증에 걸리다시피 했다. 급식이 나빠지는가 싶더니 중단되었다. …… 우리는 노동봉사대원으로서 군수품을 나르는 일을 했다. 위안부 일도 계속했다. 중노동에 뼈마디가 부러지는 고통을 수없이 느꼈다. 어느 날 일본군이 항복

2011년 8월10일 제982차 수요시위에 참석한 노수복

했다는 소문이 들렸다. 1945년 6월 즈음, 돌연 서양 군인들이 나타났다. ……일장기 대신 영국 국기가 게양되었다.

말레이시아의 일본군 위안소에서 다른 위안부와 함께 도망쳐 나온 노수복은 고향으로 돌아가지 않았다. 말레이시아에서 가정부로 살다가 태국으로 건너가 음식점 종업원으로 일했다. 태국 핫야이에서 결혼하여 가족을 이루고 살았다. 태국에서 40여 년 살면서 한국말을 잊었지만 〈아리랑〉은 기억했다. 1984년 KBS 〈연속특별생방송 이산가족을 찾습니다〉를 통해 가족을 찾았다. 태국에서 사망한 고인의 유해는 고국으로 돌아와 부모님 곁에 안장되었다.

이남이(1924년 3월 ~ 2001년 2월 15일)

1997년 6월 13일, 캄보디아 신문 《프놈펜포스트The Phnom Penh Post》에 놀라운 기사가 실렸다.

일제에 의해 캄보디아에 위안부로 끌려간 한국 여성이 수도 프놈펜 북쪽 교외의 한 마을에 생존해 있다.

《한국일보》를 비롯한 한국의 신문과 방송에서 앞다퉈 이 위안부 생존자의 사연을 보도했다. 이 생존자는 '훈 할머니'로 불렸고 우여곡절 끝에 가족을 만나 '이남이'라는 이름을 되찾았다.

이남이는 경상남도 마산 진동 바닷가 마을에서 나고 자랐다. 1942년 열여섯 살 봄, 일본말을 하는 사람과 조선 사람 여럿이 집으로 쳐들어왔다. 울며 쓰러지는 부모님을 뒤로 한 채, 겁에 질려 영문도 모르고 짐을 꾸려 집을 떠났다. 그날 마을을 떠난 이는 이남이 하나만이 아니었다. 경상도 지역은 일제의 강제 동원 피해를 크게 보았다. 중국이나 동남아시아, 일본으로 떠나는 중간 지점 역할을 한 부산과 가까운 탓이었다.

이남이는 타이완을 거쳐 싱가포르로 갔다. 싱가포르는 1942년 2월 일본군에게 점령당했다. 이남이는 일본인이 감시하는 2층 집에서 '하나코'라 불리며 일본군'위안부' 생활을 강요당했다. 다시 트럭에 실려 호찌민(사이공)으로, 프놈펜으로 옮겨 다녔다. 전쟁이 끝난 뒤, 이남이는 고향으로 돌아오고 싶었지만 프놈펜에서 잘 대해 준 일본군 장교가 '지켜 주겠다'며 같이 있자고 해서 캄보디아에 남았다. 그 장교는 몇 년 뒤 혼자 일본으로 몰래 돌아갔다.

버려진 이남이는 살아남기 위해 캄보디아 사람과 결혼했다.

세 자녀를 낳았지만 캄보디아 내전으로 아들을 잃었다. 50여 년 동안 살아남기 위해서 이남이는 '이남이'가 아니어야 했다. 위안부 피해자라는 사실을 알려서도 안 되었다. 당시 캄보디아에서는 여성을 "한번 흙에 떨어지면 영원히 깨끗해지지 않는 천"에 비유했다. 자기에게 벌어진 일들의 책임을 아무한테도 물을 수 없었다. 기억 속에서 그 일을 지워야 했다. 아무도 불러 주지 않는 이름 '이남이'는 그렇게 기억에서 사라져 갔다. 한국의 가족을 찾고 캄보디아와 한국을 오가던 훈 할머니는 캄보디아에서 생을 마감했다.

배봉기(1914년 9월 ~ 1991년 10월 21일)

배봉기는 사실상, 최초의 일본군'위안부' 피해 증언자이다. 일본 오키나와에서 추방당하지 않기 위해 자신이 위안부 피해자임을 세상에 드러내야 했다. 1975년 10월, 일본 언론은 배봉기의 사연을 기사로 쏟아 냈다.

배봉기는 어릴 때부터 남의집살이를 하며 여기저기 떠돌며 살았다. 함경남도 흥남읍 어느 농가에 고용되어 일하며 힘겹게 살다가 '파인애플, 바나나가 지천인 곳'으로 가자는 꾐에 넘어갔다. 일하지 않고 돈을 벌 수 있고 나무 밑에 누워 입을 벌리고 있으면 바나나가 저절로 떨어지는 곳이라고 했다. 1943년 늦가을, 그가 서른 살 때였다. 흥남역에서 서울을 거쳐 부산으로 갔다. 1944년 3월, 부산을 떠나 일본으로 갔다.

1944년 3월, 일본은 동남아시아 점령 지역 방어를 강화할 목적으로 오키나와 수비대를 창설했다. 같은 해 7월에 사이판이 연합군에 의해 함락되었다. 1944년 말, 일본군의 많은 병력이 본토 결전을 준비하기 위해 오키나와로 집결했다. 일본군은 미군 비행기가 오키나와를 매일 공습하는 와중에도 위안소를 설치했다. 전쟁이 끝나기 전까지 오키나와에는 100개가 넘은 위안소가 생겼다. 64개 위안소에 조선 여성들이 약 600명 정도 있었다고 알려졌다.

배봉기 일행은 공습 중에 배를 타고 오키나와에 도착했다. 그들이 처음 본 광경은 공습으로 초토화된 처참한 도시 나하였다. 여성들은 도카시키섬, 자마미섬, 아카섬에 나뉘어 배치되었다. 배봉기는 오키나와 본섬에서 한참 떨어진 도카시키섬으로 가야 했다. 일본군이 접수한 '빨간 기와집'에서 배봉기는 '아키코'로 불렸다. 계속되는 공습으로 일본군, 오키나와 주민들, 끌려온 여성들 가릴 것 없이 죽어 나갔다.

일본군이 가고 나니 미군이 왔다. 패전 후 오키나와는 미군의 단독 통치하에 놓였다. 미군은 오키나와 사람들의 농지와 사유지를 강제로 접수하고 기지를 만들었다.

배봉기는 미군 수용소에서 나온 뒤에도 갈 곳이 없었다. 귀국선을 탄다 해도 돌아갈 고향 집도 없었다. 그래서 아는 사람도 없고, 말도 통하지 않는 곳에 무일푼으로 그냥 남았다. 그로부터 무려 30년 가까운 시간 동안 '어느 나라의 국민도 아닌 무국적의 잊혀진 사람'으로 살았다.

1972년 미군이 점령한 오키나와가 일본에 반환되자, 한국인도 일본인도 아닌 채로 숨어 살던 배봉기의 존재가 세상에 알

배봉기의 소식을 접한 일본 작가 가와다 후미코는 1977년 12월 5일 배봉기를 찾아가 만난 뒤 10년 가까이 그의 삶의 조각을 맞춰 갔다. 그리고 1987년 그의 이야기를 담은 《빨간 기와집》을 펴냈다. 이 책은 2014년 한국에서 같은 제목으로 출간되었다.

려졌다. 배봉기는 평생 두통과 신경쇠약, 우울증과 불안감을
안고 혼자 살다가 1991년 홀로 숨을 거뒀다.

심달연(1927년 7월 5일 ~ 2010년 12월 5일)

심달연은 기억을 잃고 고통스러운 시간을 보냈다. 1941년경
대구의 집 근처에서 언니와 함께 위안부로 동원되었다. 끌려가
던 중 헤어진 언니와는 영영 만나지 못했고 일본이 패망하면서
위안소에서 해방을 맞았다. 하지만 심달연의 정신은 이미 완전
히 망가진 상태였다. 그래서 어디서 위안부 생활을 했는지 기
억이 없다. 다만 쉴 새 없이 들이닥치던 군인들에 대한 끔찍한
기억은 생생하게 남아 있다고 했다.

전쟁이 끝나고도 기억을 잃은 탓에 고향으로 돌아오지 못하
고 있던 심달연은 우연히 만난 한국인을 따라 귀국할 수 있었
다. 온전치 않은 정신 때문에 절에 맡겨졌는데 그 절을 찾은 바
로 아래 동생이 알아보아 가족을 만났다. 동생은 언니 뒷바라
지를 하며 20여 년을 함께 살다가 먼저 세상을 떠났다.

심달연은 정신이 불안정하고 건강도 좋지 못했다. 주변 사람
들의 도움으로 꽃 누르기 그림(압화)으로 원예 치료를 받으면서
아름다운 작품을 만들고 기억도 조금씩 되살렸다. 심달연에게

기억을 되살린다는 것은 무지막지한 고통을 다시 불러내는 일이었다. 그는 위안부로 끌려가던 당시를 이렇게 기억해 냈다.

형편이 넉넉지 않았어요. 식량에 조금 보탬이라도 될까 해서 언니랑 둘이 쑥을 캐고 있었는데, 군인이 와서 갑자기 손을 잡더니 …… 트럭에 태워질 때 저항하다 구두에 심하게 차였어요. 짐칸에는 이미 몇 명의 여자들이 있었습니다.

심달연이 기억과 구술 내용은 자매가 일제강점기 당시 이웃에 살던 박우동 씨의 증언으로 사실임이 뒷받침되었다. 박우동

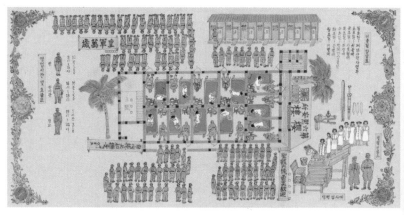

《꽃할머니》(권윤덕, 사계절, 2010)에 수록된 군'위안소' 장면

씨는 당시의 상황과 심달연 자매의 가족을 또렷하게 기억했다.

(심달연의 아버지인) 심차도 씨를 잘 알고 있어요. 딸들이 일
본군에게 끌려갔다고 들었지요. 그는 슬픈 표정으로 그 말을
하며 한숨을 쉬었지요. 심차도 씨의 딸들이 동원되고 나서 '끌
려간 처자들이 있으니 조심하라.'고 지천면 곳곳에 얘기가 퍼
졌어요. …… 제(박우동)가 오키나와에 1942년에 갔으니까,
1년 전쯤 들은 이야기입니다.

일본군 '위안부'와 인도人道에 반하는 죄

전쟁에서 패배한 일본은 식민지를 잃고 연합국에게 점령당
했지만, 1951년 9월 샌프란시스코강화조약으로 1952년 4월
독립국 지위를 회복했다.* 조약에 참여한 연합국 국가, 일본 침
략으로 손해를 본 국가들은 무無배상 또는 경제협력으로 배상
에 준하도록 결정했다. 당시 일본의 경제 수준으로는 배상을

* 　　1951년 연합국과 일본 사이에 체결된 샌프란시스코강화조약에 식민지
지배의 책임을 추궁하는 내용은 포함되지 않았다.

감당할 수 없고, 동아시아가 세계 냉전의 중심이어서 일본을 '반공의 방파제'로 삼아야 한다는 논리에 따른 것이다. 연합국 중 46개국이 배상을 포기했다. 엄청난 피해를 입은 중화인민 공화국과 타이완, 남북한은 샌프란시스코강화회의에 초대받지 못했다. 동아시아 냉전 상황에서 각국의 이해가 엇갈렸기 때문이다. 당시 한반도가 일본의 식민지로 일본의 일부였기 때문에 그 지위가 구 종주국(일본)에 준한다는 논리까지 등장했다. 일본이 식민지에 끼친 피해의 배상 문제는 뚜렷이 정해진 바 없이 '청구권'이라는 틀만 정해져 양국이 '알아서 해결'하도록 했다.

일본은 제11조를 통해 국제사회에 다음과 같이 약속했다.

제11조

일본국은 일본 안팎의 극동국제군사재판소 및 그 밖의 연합국에서 열린 전쟁범죄법정의 재판(또는 판결, judgement)을 수락한다. 또한 일본 국내에 구금된 일본인에게 이들 법정이 내린 형을 집행하도록 한다. (이하 생략)

이 약속은 잘 지켜졌을까? 그 이전에 국제군사재판에서는 어떤 판결이 내려졌을까? 그 판결은 공정하고 타당했을까?

제2차 세계대전 중 일본과 독일은 전쟁 상대국 군인과 민간인에게 막대한 피해를 입혔다. 전쟁에서 승리한 연합국 측에서는 포츠담에서 회의를 열고 전쟁범죄자에 대한 재판을 열기로 결정했다. •

연합국의 국제군사재판에서는 독일과 일본의 전쟁범죄자를 A급, B급, C급 세 가지로 분류했다. A급 전범은 전쟁의 결정 및 수행을 직접 담당한 전쟁 지도자로 '특정 지역을 불문하고 연합국에 속한 모든 정부가 내리는 공동 결정에 따라 처벌해야 할 중대 범죄자'이다. B급과 C급 전범은 일본이 점령한 아시아 태평양전쟁 지역 각지에서 열린 전쟁범죄재판 법정에서 판결을 받은 사람들이다. 즉 특정 지역(교전이나 점령 지역 등)에서 전쟁 법규 또는 전쟁 관례를 위반하고, 각국의 군사재판에 기소되어 유죄 판결을 받은 사람들이다.

극동국제군사재판(이하 도쿄재판)에서는 연합국 11개국이 일본 군부와 정부의 책임을 묻기 위해 참여했다. 1946년 5월

• 총 13개조의 포츠담선언에서 제10항이 전쟁범죄자의 처벌에 관한 조항이다. 국제군사재판에서 취급할 수 있는 전쟁범죄는 3가지였다. 첫째 평화에 대한 죄, 둘째 전쟁 법규 또는 관습법을 위반한 죄, 셋째 인도에 대한 죄이다.

1946년 5월 21일, 도쿄재판 법정 피고인석에 A급 전범들(도조 히데키 전 총리, 오카 다카즈미 해군 중장, 우메즈 요시지로 육군 대장, 아라키 사다오 육군 대장, 무토 아키라 육군 중장, 히라누마 기이치로 전 총리, 도고 시게노리 외무대신, 시게미쓰 마모루 외무대신)이 굳은 표정으로 앉아 있다.

부터 2년여에 걸쳐 범죄에 대한 심리를 진행하고 1948년 11월 12일 판결을 내렸다. 도조 히데키, 우메즈 요시지로 등 피고 28명이 '평화에 관한 죄'(A급 전쟁범죄), '통례의 전쟁범죄'(B급 전쟁범죄)로 심판되었다.

　그러나 도쿄재판은 미국을 중심으로 승리한 국가들의 이해관계를 반영하여 일본의 가해 책임을 철저하게 묻지 않았다. 이 재판은 일본의 식민 지배로 발생한 피해를 제대로 다루지 않았다. 전쟁의 최고 책임자인 히로히토 일왕에게도 면죄부를 주고, 조선이나 타이완 등에 대한 일본의 식민 지배 책임을 묻지 않았다.

도쿄재판에서 일본군'위안부' 관련 서류가 8건 제출되었다. 네덜란드 검찰관이 인도네시아 보르네오섬 폰티아낙, 자바섬 마겔랑, 포르투갈령 티모르(동티모르), 오스트레일리아 모아섬 4곳에서 벌어진 사례에 대한 서류를 제출했다. 프랑스 검찰관은 베트남의 랑선과 여러 지역이라 표시된 사례를, 중국 검찰관은 구이린의 사례를 제출했다. 이렇듯 일본군이 위안소를 설치하고 여성들을 강제 동원했다는 증거 자료가 다수 제출되었음에도 일본 군부와 정부가 주도한 성폭력 시스템에 의한 가해 책임을 따지지 않았다.

각 연합국이 자체적으로 행한 B급, C급 전범 재판에서 일본군'위안부'를 범죄로 기소한 사례가 있었다. 네덜란드가 네덜란드령 인도네시아에서 자행된 스마랑 사건을 기소하고 재판했다. 스마랑 사건은 1944년 자바섬 스마랑 억류소에 수용되었던 네덜란드 여성 35명을 일본군이 강제로 위안부로 만든 사건으로 바타비아 전범 재판에서 일본군 장교와 군속들이 단죄되었다. 폰티아낙 전범 재판에서는 해군 대위 이하 13명(불법포로 학대 살육의 죄명까지 포함해 전원 유죄, 그중 7명 사형) 등의 판결이

바타비아 전범 재판 - 위안부 강제 연행을 인정한 재판

바타비아 전범 재판은 아시아태평양전쟁 말기 일본군에 의한 네덜란드 여성 강제 매춘 동원을 심판하기 위해 1948년에서 1949년까지 인도네시아 바타비아(현 자카르타)에서 열렸다. 네덜란드 여성 강제 매춘 동원 사건은 '스마랑 사건'이라고 불린다. 스마랑 사건은 일본군의 전시 위안부 강제 연행을 입증하는 주요 증거이기도 하다.

바타비아 전범 재판에서는 피해 여성 35명 중 25명이 강제 연행됐다고 인정했다. 피해자 가운데는 얀 루프-오헤른도 포함되었다. 재판 결과 11명이 유죄판결을 받았고, 책임자인 오카다 게이지 육군 소좌에게는 사형이 선고되었다. 일본은 1951년 샌프란시스코강화조약을 통해 바타비아 전범 재판 판결을 수락했다.

이 사실은 1992년 《아사히신문》이 네덜란드 국립공문서관에서 사건 관련 판결문과 법정 문서를 찾아내 보도하면서 세상에 알려졌다. 그리고 고노 담화가 발표된 이듬해인 1994년 1월, 일본군이 인도네시아에서 자행한 네덜란드 여성 위안부 강제 연행 관련 8건의 사건은 네덜란드 정부가 조사, 보고서를 발표한 것을 계기로 전모가 드러났다. 일본군에 의한 위안부 강제 연행이 없었다고 주장하는 일본 우익은 스마랑 사건에 한해서 강제성을 인정한다. 그러나 조선에서 연행한 위안부를 비롯하여 다른 건에 대해서는 강제성을 여전히 인정하지 않고 있다.

내려졌다. 타이완의 전범 재판에서는 강제 매춘 3건과 부녀 유괴 1건이 다뤄졌지만 상세한 내용은 알려져 있지 않다.

역사적으로 전쟁 중에 벌어진 일을 법리로 처벌하기 시작한 것은 그리 오래 되지 않았다. 전쟁은 국가가 선택할 수 있는 정치적 수단이자 권리라는 생각이 뿌리 깊었기 때문이다. 두 차례 세계대전을 거치면서 전쟁을 일종의 법리로 처벌해야 한다는 생각이 싹텄다.

뉘른베르크 재판에서는 연합국 측이 만든 새로운 죄, '인도人道에 반反하는 죄'가 등장했다. 독일 국적을 가진 유대인을 대상으로 한 잔혹한 범죄라는 점에서 그 이전까지의 국제법상 전쟁범죄로는 다룰 수가 없었기 때문이다. 나치 독일의 유대인 학살은 일찍이 볼 수 없던 규모였으며 제2차 세계대전 시작 전부터, 즉 전쟁이 아닌 시기부터 이미 시작되었다. '민간의 살인, 박멸, 노예화, 강제 연행 이외의 반인도적 행위, 정치적·인종적·종교적 이유의 박해 행위 등'을 전시에 일어난 것에만 국한하지 않고 전부 법적 심판의 대상으로 삼아야 한다는 주장이 제기되어 널리 공감을 얻었다.

그러나 '인도에 반하는 죄'는 식민지 전쟁이나 식민지 지배 아래에서 평상시에 일어난 대량 학살과 노예화, 성폭력 등의 범죄에는 적용되지 않았다. '인도에 반하는 죄'는 1948년 유엔의 '제노사이드조약'으로 이어졌다. 이 조약으로 전시와 평상시를 구분하지 않고, 모든 대량 학살을 범죄로 보는 국제인도법이 확립되었다. 이 조약이 실제로 적용된 것은 유고슬라비아 내전과 르완다 내전이 일어난 1990년대 이후였다.

1990년대 이후 식민지 폭력에 의한 피해와 그에 대한 보상을 요구하는 움직임이 국제사회에서 뚜렷하게 나타났다. 이 배경에는 뉘른베르크 재판 이후 반세기 동안 '인도에 반하는 죄'의 개념을 넓히고자 노력한 역사가 있다.

반세기의 고통과 침묵

어렵게 고국으로 돌아왔든 현지에 남았든, 살아남은 위안부 피해자들은 위안소의 시간이 몸과 마음에 깊숙이 남긴 상처를 품은 채로 고달픈 삶을 이어 갔다. 일본도에 베인 상처, 일본군이 강제로 새긴 문신, 잦은 폭행으로 들리지 않게 되어 버린 귀와 찢어진 귓불, 매 맞아 터진 상처의 흉터, 아이를 가질 수 없게 되어 버린 몸…….

전쟁이 끝난 세상은 다시 일상으로 돌아가고 빠르게 변화했지만, 위안부 피해자들의 삶은 결코 제자리를 찾지 못했다. 일본군'위안부'였던 시간은 기억하기 괴롭고, 그 사실이 다른 사람들에게 알려질까 두려워 깊이 감추고 살았다. 언제 벗어날 수 있을지 알 수 없는 위안소 생활, 자포자기하며 살아남은 것을 자신의 잘못으로 여기며 세상을 등지고 살았다. 남성에 대한 공포 때문에 결혼을 포기하거나 어렵게 가정을 이뤘어도 순탄치 못해 다시 혼자가 되기도 했다. 결혼하고 자녀를 두는 생활이 보통 사람들에게는 평범하고 자연스러울지 몰라도 위안부 피해자들에게는 너무 어렵고, 때때로 불가능하게 보이기도 했다.

"세상이 많이 바뀌었다고 해도 우리는 그대로다."라는 위안부 피해자 이용수의 말처럼 전쟁이 끝나고 수십 년이 지나는 동안, 그 어느 나라 정부도 피해자의 입장에서 문제를 진지하게 다루지 않았다. 1991년 8월 14일, 김학순의 증언이 있기 전까지, 국가와 사회 그리고 이웃이 그들의 상처와 아픔에 제대로 눈길을 주지 않은 이유를 어디서 찾아야 할까?

해방 이후, 일본군'위안부'가 뭇 사람들의 기억에서 완전히 사라진 것은 아니었다. 일본에서 위안부는 소설이나 영화의 소재로 자주 등장했다. 시로타 스즈코의 수기인 《마리아의 찬가》가 출판되었고, 센다 가코의 《종군위안부》는 오랫동안 베스트셀러로 위안부의 이미지에 큰 영향을 끼쳤다. 일본군'위안부'에 대한 이야기는 전쟁에 참여한 일본 병사의 체험담을 통해서 알려지기도 했고, 위안부 피해를 입은 딸을 둔 아버지의 분노 어린 글로 나타나기도 했다. 그러나 대부분이 '남성의 시각'에서 이야기되는 것들이었다.

피해자인 여성들은 정작 자신들이 당한 일에 대해 침묵했다. 일본에도 피해 여성이 적지 않았을 것이다. 그러나 일본에서 자신이 위안부였음을 증언한 이는 시로타 스즈코가 유일하다. 위안부로 간 것에 대해 '돈이 필요해서 갔던 게 아니냐, 그러니 자신의 책임이 아니냐'는 식으로 생각하는 분위기가 강하기 때문이다.

한국 여성들은 어려서부터 여성의 가치가 순결에 있다고 교육받았다. 순결의 상실은 여성의 인간적 가치를 잃는 것이라고 생각하는 분위기가 해방 후에도 그대로 유지되었다. 이런 사회 분위기에서 위안부로 동원되었다는 말은 일본군에게 몸을 더럽혔다는 의미로 받아들여졌다.

그러니 타국의 전쟁터에서 해방을 맞은 피해 여성들은 '몸을 더럽혔다'고, '가문에 먹칠했다'고, '민족의 수치'라고 손가락질을 받을까 두려워했다. 세상을 향해 피해 사실을 말하는 것은 자신의 몸에 스스로 주홍 글씨를 새기는 일이며 자신과 가족에게 사회적 낙인을 찍는 일이었다. 일본군'위안부'라는 과거를 불러내, 자신의 피해를 고발하는 행동에는 남은 삶을 송두리째 거는 용기가 필요했다.

중일전쟁 당시 일본군에게 피해를 당한 중국 여성들도 사회적 낙인으로 이중의 고통과 불행을 겪었다. 그들의 피해 사실을 가족과 이웃이 모두 알고 있었기 때문이다. 일본군 부대로 끌려가 오랫동안 감금되었다 풀려난 뒤, 일본군과 오래 함께 있었다는 이유로 다시 감옥에 갇혔다. 이후에는 사회적 낙인 때문에 죽음을 택하거나 마을 사람들로부터 정치·사회적 박해를 받으며 오지로 쫓겨나기도 했다. 캄보디아를 비롯한 동남아시아 지역 피해자들의 처지 또한 다르지 않았다.

한국에서 일본군'위안부' 문제에 대한 사회적 관심은 1980년대 후반이 돼서야 나타났다. 1988년 한국교회여성연합회가 주최하고 10개국 이상의 참가자들이 모인 국제 세미나에서 윤정옥 당시 이화여대 교수가 '정신대 답사'를 보고한 것이 계기였다. 1990년 이 문제를 본격적으로 다루기 위해 '한국정신대문제대책협의회'가 만들어졌다. 1991년 일본이 이 문제에 대해 '증거가 없다'며 발뺌하자, 김학순이 '내가 바로 증거'라며 공개적으로 증언함으로써 '침묵'이 깨지고 피해자들이 용기를 내기 시작했다.

김학순의 증언이 있은 뒤 1992년 1월, 일본의 시민단체들은 위안부에 관한 증언을 모으기 위해 '위안부110'이라는 핫 라인을 개설했다. 1991년 11월 8일, 《아사히 신문》은 〈어느 종군위안부의 죽음〉이라는 제목으로 배봉기의 쓸쓸한 죽음을 보도했다. 곧이어 한국의 위안부 피해자들이 일본 정부를 상대로 집단 소송을 제기하며 압박하기 시작했다. 한 사람의 용기로부터 시작된 역사적이고 극적인 변화였다.

'당신의 잘못이 아니다.'라고 말해주고, 고통과 아픔에 공감하고자 노력하는 시민의 움직임은 피해자들을 세상 속으로 이끄는 힘이었다. 내몽골로 동원된 김순악은 평생을 우울증과 화병을 달고 살았다. 김순악은 대구 지역의 '정신대할머니와함께하는시민모임'을 만나 가슴에 묻어 두었던 상처를 이야기할 수 있었다. 2000년 11월에는 일본군'위안부' 피해자 생활 지원 대상자로 결정되었다. 김순악은 '대상자 결정 통지서'를 액자에 넣어 걸어 두고 보고 또 보았다고 한다. 국가가 위안부 피해자라고 인정해 준 것, 내 잘못이 아니라고 인정해 준 것이 그리 좋았다고 한다. 김순악은 수요시위에도 참석했다. 그의 목소리에 귀를 기울이는 이웃, 시민이 있기 때문에 가능했다.

일본군'위안부' 문제에 적극적으로 나서지 않던 한국 정부의 태도도 조금씩 달라졌다. 한국 정부는 1992년 1월부터 일본 군'위안부' 문제에 대한 조사를 시작하여 1992년 7월 31일 《일제하 군대 위안부 실태 조사 - 중간보고서》를 발표했다. 다음은 그 내용의 일부이다.

일본군은 위안부 정책 발안, 위안소 설치, 위안부 모집, 수송, 관리 등 모든 면에 걸쳐 전면적으로 개입하였다. 마지막으로 전쟁 말기에 이르러서는 위안부를 버렸다. 전장에서의 비참한 죽음을 면한 위안부들은 질병으로 인한 육체적 고통과 정신적 고통에 시달리며 자신의 전력을 숨긴 채 불행한 삶을 이어가고 죽어 갔다. 일본군은 성병과 강간을 방지한다는 이유로 점령 지역의 치안과 군의 전력을 유지하기 위해 위안부 정책을 실시하였고 위안부는 하나의 인간으로서 인식되지 않았다. 이러한 전무후무한 반문명적 범죄가 순전히 군대의 전력 유지라는 기능적 목적을 위해 일본에 의해 태연히 자행되었고, 최대의 피해자는 당시 한국의 순진무구한 미혼 여성과 일부 기혼의 젊은 여성들이었다. 위안부 문제는 일본의 식민 통치로 우리 민족이 겪은 수난 중 가장 어두운 면을 보여 주는 것이다.

한국 정부의 '최종' 보고서는 아직 나오지 않았다. 일본군'위안부' 문제가 해결돼야 최종 보고서가 나올 수 있지 않을까?

송신도 '들'의 용감하고 아름다운 싸움

오랜 세월을 견디고서야 '우리가 잘못한 게 아니다! 나쁜 것은 일본 제국주의다!'라고 말할 수 있게 되었지만, 이미 많은 피해자가 팔순을 넘겼다. 인간의 한계치에 달하는 용기를 내어 기억을 끄집어 낸 피해자들은 증언할 때마다 밤새 잠을 못 자고, 법정에서 증언하고 나면 공포와 수치심으로 후들후들 떨었다고 한다.

김학순의 증언을 보고 용기를 낸 네덜란드 출신 호주 국적의 얀 루프-오헤른은 1992년 위안부임을 일본 도쿄 전후보상 국제공청회에서 증언하기로 마음먹고도 가족에게 알려야 한다는 사실 때문에 괴로웠다. 그는 그때의 상황을 《나는 일본군 성노예였다》에 다음과 같이 밝혔다.

나는 증인이 되고 싶었다. 그러려면 내 딸들, 손주들, 가족,

친구, 교구의 동료 신도들에게 50년 동안 가슴에만 담아 둔 이야기를 말해야 했다. 나에게 여전히 가장 힘든 문제였다. 어미가 어떻게 딸들에게, 할미가 어떻게 손주들에게 전쟁 때 석 달 동안 일본군에게 매일 조직적으로 강간과 구타를 당했다는 이야기를 할 수 있단 말인가? 또 이런 사실을 알게 되면 그들은 감당할 수 있을 것인가? 나는 정말 혼란스러웠다. …… 내 딸들은 여러 주 동안 울고 또 울었다. 자기네 어머니가 그렇게 끔찍한 일을 겪었다는 사실에 충격이 이만저만 아니었으리라. …… 엄마, 일본까지 혼자 안 가셔도 돼요, 우리가 함께 갈게요. 나는 새로운 자신감을 얻었다.

송신도는 그를 지지하고 함께하는 사람들과 일본 정부에 맞서 싸웠다. 1938년 부모가 억지로 시킨 결혼이 싫어 도망친 송신도는 '전장에서는 여자 혼자도 살 수 있다.'는 말을 순순히 믿었다가 중국 후베이성 우창의 위안소로 동원되었다. 그는 일본군이 점령하고 있던 중국 여러 곳으로 군인 트럭을 타고 끌려다녔다고 증언했다. 살아남기 위해서 일본어를 배우고, 맞지 않고 죽지 않기 위해 시키는 대로 할 수밖에 없었다고 했다. 전쟁터 가까이에 있는 위안소에서 총탄이 날아오는 중에도 군인을 상대해야 했다.

　전쟁이 끝나자 송신도는 중국에 버려졌다. 그 뒤 일본으로
가서 같이 살자는 군인을 따라갔지만 배에서 내리자마자 돌변
한 군인은 일본인과 미군을 상대로 성매매를 강요했다. 송신
도는 달리는 열차에 뛰어들어 죽으려고도 했지만, 모질게 이겨
내며 살아갔다.

　그의 사연이 알려지고, 일본에서 그를 지지하고 돕는 사람들
이 생겨났다. 송신도는 "사죄를 받고 싶다."며 일본 정부를 상

1998년 9월 16일 제330차 수요시위에 참여한 송신도. 일본군에게 맞아 찢어진 고막을 제때
치료하지 못한 그는 늘 보청기를 착용해야 했다. 옆구리와 넓적다리에는 칼에 베인 상처, 팔에
는 '가네코'라는 위안부 당시 이름이 문신으로 남았다. 송신도는 2017년 12월 16일 도쿄에서
세상을 떠났다.

대로 소송을 결심했다. 1993년 1월 23일, 송신도의 재판을 돕고자 일본 시민이 모여 '재일조선인 위안부 재판을 지원하는 모임'을 만들었다. 대표도 두지 않고 사무실도 없는 모임이었다.

1994년 4월 5일, 송신도는 도쿄 지방재판소에 '사죄를 청구'하는 소송을 제기했다. 재판소 측에서 사죄 비용을 청구해 달라고 하자, 1억 2000만 엔(약 12억 원)을 추가로 청구했다. 전범인 도조 히데키, 마츠이 이와네 등이 살아 있다면 국가로부터 받을 연금액을 계산한 것이었다. 무려 7년이 지난 1999년 10월 1일, 도쿄 지방재판소의 첫 판결이 나왔다. 송신도의 피해 사실은 인정하지만 비용 청구는 기각한다는 판결이었다.

송신도 측은 상고했다. 2000년 11월 20일, 도쿄 고등재판소는 기각 판결을 내렸다. 피해 사실은 있지만 일본 정부에 책임을 물을 수 있는 법적 시효가 지났다는 이유였다. 송신도 측은 다시 상고했다. 2003년 3월 28일, 최고재판소가 상고 기각 판결을 내렸다. 일본 정부를 상대로 한 재판에서 송신도의 패소가 확정되었다.

최종 판결이 난 뒤 송신도는 자신을 지지하는 시민 앞에서 "여러분, 재판에는 졌을지 몰라도 내 마음만은 지지 않았어요."라고 당당히 말했다. 10년 동안 재판을 진행하면서 인생의 동지를 만났고, 많은 시민을 만나 평화와 인권을 이야기했으며 사람들로부터 자신의 가치를 확인할 수 있었기 때문이라고 했다. 한국인도, 일본인도 아닌 '경계에 선 사람'이었던 그는 지원 모임 사람들이 있어 행복하다고 했다. 비난받을 대상은 전쟁과 전쟁을 일으킨 사람들이고, 일본 정부의 사과는 앞으로 자라날 아이들을 위해 필요한 것이라고 했다.

한편 1994년 7월, 한국의 위안부 피해자와 정대협은 네덜란드 헤이그에 있는 상설중재재판소Permanent Court of Arbitration, PCA에 위안부 문제의 심리를 요구하며 제소했다. 상설중재재

다큐멘터리 영화 〈나의 마음은 지지 않았다〉 포스터. 이 영화는 일본 정부를 상대로 소송한 송신도의 10년 재판 이야기를 담았다.

판소 제소의 장점은 양쪽의 협력에 의해 1년 이내에 문제 해결이 가능하다는 점이다. 다음 해인 1995년 1월, 일본 정부는 중재에 의한 합의를 거부했다.

한일청구권협정과 피해자 배상청구권

샌프란시스코강화조약이 만들어 놓은 틀 안에서 체결된 1965년 한일청구권협정은 일본군'위안부' 피해자들이 일본 정부에 제기한 손해배상 재판에 걸림돌이었다. 김학순은 증언 직후인 1991년 12월, 일본군'위안부' 피해자 두 명, 일본군 군인, 군속 및 그 유족들과 함께 도쿄 지방재판소에 일본 정부를 상대로 배상을 요구하는 소송을 제기했으나 2004년 최고재판소에서 패했다.

부산 지역 여자근로정신대, 일본 거주 송신도를 비롯한 피해자들은 거듭 일본 정부의 책임을 묻는 소송을 제기했으나 일본 법정은 한일청구권협정에 의해 일본군'위안부' 피해자들의 배상청구권이 소멸했다며 패소 판결을 내렸다.

패소의 근거는 1965년 한국과 일본이 맺은 한일청구권협정 제2조 1항이다. "양 체약국은 양 체약국 및 그 국민(법인을 포함함)의 재산, 권리 및 이익과 양 체약국 및 그 국민 간의 청구권에 관한 문제가 1951년 9월 8일에 샌프런시스코우시에서 서명된 일본국과의 평화조약 제4조(a)에 규정된 것을 포함하여 완전히 그리고 최종적으로 해결된 것이 된다는 것을 확인한다."고 되어 있다. 일본 정부는 이 내용을 들어 일본군'위안부' 피해자들의 문제를 이 협정으로 이미 '끝난' 사안이라는 입장을 유지하고 있다. 고노 담화 이후 '여성을 위한 아시아 평화 국민 기금'도 한일청구권협정으로 모든 법적 책임이 해소된 만큼, 인도적 지원 차원에서 민간 모금을 통해 피해자들에게 보상하겠다는 취지임을 강조했다.

'완전히 그리고 최종적으로 해결된 청구권'이란 일본이 조선을 식민 지배할 당시의 법률을 기준으로 정리해야 할 재산과 권리, 이익에 해당하는 국가와 개인의 청구권으로 해석하는 것이 합리적이라는 의견이 지배적이다. 즉, 우편저금이나 미불 임금, 식민지 당시의 법률로 당연히 지급해야 하는 금전적 처리이다.

따라서 일본의 전쟁범죄로 발생한 피해에 대한 배상은 청구권에 포함되지 않는다. 한국 대법원은 2012년 5월 24일 일본의 국가권력이 반인도적 불법행위로 인한 개인의 손해배상청구권은 1965년 한일청구권협정으로 "완전히 그리고 최종적으로 해결된(제2조 제1항) 대상에 포함되지 않는다."고 판결했다.

'여성을 위한 아시아 평화 국민 기금'을 어떻게 볼까?

고노 담화는 내각관방 내각외정심의실의 이름으로 1993년 8월 3일에 공표되었다. 일본 정부는 위안부 제도에 관한 사실을 인정하고 사과와 반성을 표명한 고노 담화를 발표하면서 담화에 담긴 마음을 어떤 방식으로 표현할지 검토하겠다고 했다.

일본 정부가 선택한 방식은 보상과 배상을 위한 법을 만들고, 그에 따라 국고로 지급하는 국가와 정부 차원의 법적 책임이 아니었다. 민간이 주도하는 '여성을 위한 아시아 평화 국민기금'(이하 국민기금)이었다. 일본의 정치계와 학계의 저명 인사들이 이사진으로 이름을 올리고, 위안부 제도 피해자들을 대상으로 일본 국민이 모은 민간 모금에 의한 위로금(200만 엔)과 총리의 사죄 편지, 국고에서 의료·복지 지원 사업비(120~130만 엔)를 지급한다는 것이었다.

국민기금을 통한 위로금을 지급하겠다는 일본의 계획이 뚜렷하게 드러나면서 이에 반대하는 움직임이 나타났다. 1995년 2월, 서울에서 열린 제3회 일본군'위안부' 문제 해결을 위한 아시아 연대회의에서 민간 위로금을 철회시키기 위해 국제노동기구International Labour Organization에 항의하기로 결정했다. 같은 해 12월에는 도쿄 와세다대학 국제회의장에서 '여성을 위한 아시아 평화 국민기금 반대 국제회의'가 개최되었다. 한국, 타이완, 필리핀 등지의 피해자와 지원 활동가를 포함하여 700명 이상의 참가자가 모였다.

1996년 3월, 국제노동기구는 위안부가 국제노동기구 29조 조약이 금지하는 '강제 노동'에 해당하며, '조약에 위반한 성노예로서 특징을 규정할 수 있다.'고 의견을 밝혔다. 일본 정부는 '국가배상과 재산청구권은 조약(샌프란시스코강화조약, 한일청구권협정)에 근거해 성실히 이행했다.'고 주장하며 위안부 문제가 법적으로 해결되었다는 주장을 되풀이했다.

일본의 국민기금 사업은 그대로 추진되었다. 일본 국민이 실제로 모은 모금액이 약 5억 6500만 엔(목표 10억 엔), 정부 자금에 의한 의료·복지 지원금이 약 7억 5000만 엔이었다. 이를 바탕으로 한국, 필리핀, 타이완의 피해자 285명에게 위로금과 편지, 의료·복지지원비를 지급했고 네덜란드인 79명에게 생활 개선을 위한 의료복지 지원을 실시했으며(2002년 종료) 인도네시아에서 고령자 복지시설의 정비 사업을 실시하여 2007년 3월에 해산했다.

당시 한국의 김영삼 정부는 국민기금 사업에 대해 유감과 불쾌감을 나타냈다. 김대중 정부는 국민기금을 거부하는 피해자에게 지원금을 지급하기로 하고 일본 정부에 국민기금 사업을 중지하도록 요구했다. 2002년에는 피해자와 관련 단체가 받아들일 수 있는 다른 방법을 일본 정부가 찾아야 한다고 요구했다.

국민기금에 대한 국제사회의 평가는 어땠을까? 1998년 유엔 맥두걸 보고서에서는 피해 여성에 대한 법적 배상이라는 일본 정부의 책임을 국민기금으로는 완수할 수 없다고 했다. 또한 국민기금의 위로금 지급은 제2차 세계대전 당시 저지른 범죄에 대한 법적 책임을 인정한 것이 아니라고 밝혔다.

2007년 1월, 미국 하원은 본회의에서 일본군'위안부'에 대한 일본 정부의 사죄 결의를 채택했다. 국민기금에 대해서는 공공과 민간의 노력, 열정을 인정하면서도 문제 해결로 볼 수 없으며 확실하고 분명하게 공식적으로 사죄하는 역사적인 책임을 요구했다.

2007년 11월, 네덜란드 하원 본회의와 캐나다 하원의 결의도 마찬가지였다. 네덜란드의 피해자들은 국민기금을 받았지만, 네덜란드 정부는 개인 배상이라는 추가 조치를 요구하도록 결의했다. 2007년 12월, 유럽연합 의회 결의는 한 걸음 더 나아갔다. 일본 정부에 '역사적·법적 책임을 요청하고 피해자와 유족에게 배상할 것, 개인이 배상을 요구할 권리를 인정할 것'을 요구한 것이다.

국민기금 사업의 주요 대상국이던 한국과 타이완에서는 '국가 책임이 모호하다.'면서 수령을 거부한 피해자가 다수였다. 국가별 사업 내역은 공개하지 않았지만 2012년 9월 한국에서 위로금을 받은 사람은 한국 정부가 인정한 위안부 피해자 234명

중 약 4분의 1가량으로 알려졌다. 김학순도 국민기금에 반대한 채로 세상을 떠났다. 김복동 역시 수령을 거부했다. 피해자 강일출은 일본에서 열린 증언집회에서 기금 수령을 둘러싸고 피해자들 사이에 갈등이 생기는 비극을 안타까워하며 다음과 같이 말했다.

일본 정부는 책임을 제대로 지지 않고 국민 탓을 하고 있습니다. 국민에게서 돈을 모아 국민기금이라는 이름으로 돈을 건넨다는 것은 말이 안됩니다. 어떤 사람은 받고, 어떤 사람은 안 받아 사람들 사이에 금이 갔습니다. 나는 안 받았지만, 일본 정부는 왜 이런 짓을 하는 것일까요?

기금을 거부한 송신도는 다음과 같이 말했다.

난 반대야. 그럴 거면 조용히 그만두는 게 나아. 위로금이라고 주는 돈을 받으면 나중에 무슨 말을 들을지 몰라. 날 또 업신여기겠지. 어쨌든 국민한테 돈을 뜯는 게 아니라 정부가 해야돼. 대단치도 않은 돈 내밀면서 위로금이다 어쩐다 하는데 누가 받을 수 있겠어. 날 업신여긴다 해도 난 내 머리로 살고 있어.

국민기금의 위로금은 피해자 다수가 바라는 국가 배상이 아니었고, 총리의 편지도 위로금을 받은 피해자에게만 전해졌다. 조건이 걸린 사죄, 피해자를 선별한 사죄였을 뿐이다. 그러다 보니 기금을 받을 것인가 받지 않을 것인가를 둘러싸고 피해자들과 지원 단체 사이에 금이 갔다. 중국이나 북한, 말레이시아, 동티모르 등의 피해자는 수취인의 대상조차 되지 못했다.

국민기금 사업은 일본군'위안부' 문제 해결에 나선 일본 시민 사회에도 상처를 남겼다. 1991년 이후 일본의 시민과 시민단체들은 학습과 토론의 장으로 피해자와 함께하는 집회, 증언집회를 개최했고, 1992년부터 본격화된 위안부 재판 지원 활동을 전개했다. 그러나 국민기금 사업에 대한 일본 시민 사회 내의 견해 차이, 피해자들의 수령 거부 움직임으로 상당한 분열을 겪었다. 1990년대에는 일본 내에서도 국민기금에 대한 비판의 목소리가 있었으나 2000년대에 들어서면서 달라졌다. '화해를 위한 노력', '아무 대가 없이 힘써 온 것', '사죄하고 싶은 일본'의 노력을 한국 정부와 피해자, 관련 단체들이 긍정적으로 평가해 수용하지 않는 데 서운함을 표현했다. 일본 정부와 국민기금은 당시 조건에서 최선을 다했으며, 그것을 받아주지 않는 한국 때문에 일본 내에서 더 이상의 운동이 어렵게 되었다는 주장이다.

국민기금의 위로금이 지급되는 사이에 일본 교과서의 위안부 서술 내용은 사라졌다. 고노 담화와 무라야마 담화로 전진하는 듯했던 '일본의 인정과 사죄'는 알맹이 없이 초라해졌고, 역사 인식은 후퇴해 버렸다.

국경을 넘은 만남과 연대, '일본군 성노예 전범 여성 국제 법정'(도쿄, 2000)

한국과 북한, 타이완, 필리핀 등 아시아 피해국 여성들과 일본의 시민단체들은 1992년부터 일본군'위안부' 문제 해결을 위한 아시아 연대회의를 열었다. 그리고 서로의 활동을 공유하고 정보를 나누면서 국경을 넘어 운동을 함께 전개했다. 한국을 비롯한 아시아 각국의 민주화는 이러한 연대 활동의 토양이 되었다. 1986년 필리핀 마르코스 정권의 붕괴, 1987년 한국의 6월 민주항쟁과 타이완의 계엄령 해제 등 민주화가 진전되었고 1989년에는 미소 냉전 체제가 붕괴됐다. 1990년대에 들어서면서 세계적 규모의 과거 청산 운동이 전개되고, 여성의 인권을 지키고 여성에 대한 폭력을 근절하자는 운동이 비약적으로 발전했다.

1993년 오스트리아 빈에서 개최된 제2회 세계인권회의는 '여성의 인권'을 분명히 내걸었고, 같은 해 12월 유엔 총회에서는 '여성에 대한 폭력 철폐 선언'을 채택했다. 1998년에는 국제형사재판소규정(ICC규정)에 강간, 성노예, 강제 매춘, 강제 임신, 강제 중절 등은 '인도에 관한 죄'임을 분명히 했다. 아시아의 민주화, 세계적 규모의 과거 청산 운동, 여성운동의 발전으로 아시아에서 전시 성폭력으로 고통받던 피해자들이 자신의 피해 사실을 밝힐 수 있는 사회적 환경이 마련되었다.

이런 세계의 변화에도 일본 정부는 변화의 움직임을 보이지 않았다. 일본 정부를 상대로 한 생존 위안부 피해자들의 소송은 줄줄이 패소했다. 여러 나라의 여성 활동가들은 정부 기구를 이용해서 일본군'위안부' 제도의 참상을 알리기 어렵고 가해국 정부가 사죄하고 보(배)상하는 화해와 정의를 위한 움직임을 만들어 내기도 어렵다고 판단했다. 그래서 민간과 시민의 힘으로 더 강력한 방법을 찾아내기로 했다.

바로 '시민법정people's tribunal*'이다. 현실 법정에서 과거 일본의 전쟁범죄 책임을 묻는 일이 거의 불가능한 가운데, 무엇이 정의이고 진실인지 엄중하게 되묻는 힘을 시민법정에서 찾고자 했다. 1998년 4월, 일본의 활동가 마츠이 야요리가 제안하고, 같은 해 서울에서 개최된 제5차 일본군'위안부' 문제 해결을 위한 아시아 연대회의에서 '일본군 성노예 전범 여성 국제법정'(이하 여성법정)을 2000년 도쿄에서 개최하기로 결정했다. 제2차 세계대전 직후 미완성으로 문을 닫은 도쿄재판을 완성한다는 의미도 있어서 일본 정부와 개인의 유죄를 따지는 것은 물론, 일왕의 죄까지 추궁하기로 했다.

여성법정은 베트남전쟁의 부정의함과 부도덕함을 세계에 알리기 위해 버트런드 러셀, 놈 촘스키 등 당대의 지성인과 학자들이 모여 개최한 러셀 법정을 모델로 삼았다. 공동 대표는 한국 정대협의 윤정옥, 일본 바우넷 재팬의 마츠이 야요리, 필리핀 여성을 위한 아시아인권센터의 인다이 사호르가 맡았다. 한국과 북한은 '남북코리아'로 힘을 합쳐 준비했다. 남과 북으로 분단되기 전, 일제 식민지 지배 체제 아래서 일어난 일본군'위안부' 피해의 역사를 함께 인식하고, 미래를 위해 남과 북

•   시민법정은 국제적인 반인도적 사건에 대한 국가의 범리 행위를 단죄하기 위한 민간 모의 법정이다. 판결 내용은 현실적으로 법적인 힘이나 구속력을 갖지 않는다.

이 함께 역사 문제에 대처하기로 합의한 것이다.

11개 피해국 대표들로 기소단을 구성했다. 위안부 범죄를 법적으로 추궁하기 위해 각 나라에 흩어져 있는 자료를 모으고, 치밀하게 검토하여 범죄를 밝히고 증명하기 위한 논리를 세웠다. 피해국들은 기소를 위해 각기 90분을 쓸 수 있었다. 남한과 북한은 합의대로 공동 기소를 준비했다. 서로 연락할 방법조차 제대로 찾기 어렵고 위안부 문제를 보는 시각 차이도 있었지만, 지혜를 모아 공동 기소를 기어이 성사시켰다.

2000년 12월 8일, 도쿄에서 '일본군 성노예 전범 여성 국제법정'이 열렸다. 제2차 세계대전이 끝난 이후 전후 재판에서 제대로 다뤄지지 않았던 일본군'위안부' 제도의 책임자를 처벌하고, 정의를 실현하며 평화와 여성의 관점에서 21세기를 새롭게 만들어 가겠다는 의지의 표현이었다.

여성법정에는 생존한 피해자 64명이 참석하여 증언했다. 또한 일본군 병사 출신 2명이 참석하여 가해와 범죄행위를 증언했다. 법정은 생존자들의 용기 있는 증언, 자신뿐 아니라 동료 군인, 장교, 부하들의 범죄행위에 대해 증언한 퇴역 일본군 병사들의 의지와 정직함에 감사를 표했다.

2000년 12월 8일부터 12일까지 도쿄에서 열린 일본군 성노예 전범 여성 국제 법정

열여섯 살이었던 1944년 중국 한구(한커우)로 끌려갔다. 병사를 거부했다가 맞은 적도 있었다. 잔뜩 취해서 나를 죽이겠다고 위협한 병사도 있었다. (남북코리아, 중국 거주 한국인 하상숙)

열두 살 때 일본의 병원 같은 곳에 끌려갔다. 내가 피를 흘리며 우는데도 군인은 나를 강간했다. 내 몸을 보면 온몸이 상처투성이이다. (남북코리아, 북한 김영숙)

만주로 끌려가 위안부 생활을 강요받았다. 그들은 나를 때

리고 강간했다. 빨갛게 달군 철봉으로 나를 지져서 내 팔 안쪽에는 지금도 그때의 상처가 남아 있다. 나는 동정을 받고자 여기에 온 것이 아니다. 내가 일생을, 청춘을 잃어버렸다는 것을 모든 사람에게 알려 주고 싶다. 일본 정부가 공식적으로 사과하지 않으면 나는 그들을 결코 용서하지 않을 것이다. (남북코리아, 남한 문필기)

식당에서 가수로 일하고 있다가 대만의 지방 군청에 의해 중국 광둥 위안소로 보내졌다. 통보를 받고 위안부가 될 수밖에 없었다. 일본은 그들의 나라를 위해 그런 짓을 했다고 말했다. 그러나 우리는 누구를 위한 것인가. 일본 정부의 공개적인 사죄를 요구한다. (타이완, 까오빠오주)

1942년 내가 열세 살 때였다. 일본군들이 집으로 들어와 눈앞에서 아버지를 죽이고 나를 납치했다. 나는 어떤 큰 집에 갇혀 강간을 당했다. 밤에 병사들이 들어왔기 때문에 밤이 오는 것이 끔찍했다. 나는 그냥 죽고만 싶었다. 그들이 나에게 저지른 상처는 매우 깊다. 나는 정의를 요구하고 있다. (필리핀, 토마샤 사리녹)

중국 산시성 우현에 살고 있을 때 일본군에게 끌려가 굴속에서 강간을 당했다. 도망쳤지만 다시 일본군에게 잡혀갔다. 그들은 내 손을 나무에 묶고 온몸을 때렸다. 그리고 강간하고 나를 버렸다. (중국, 완아이화)

1941년 12월 일본군에게 납치되어 페낭의 위안 시설로 보내졌다. 도망친다는 것은 불가능했다. 병사들은 우리를 질질 끌고 다니며 목을 베겠다고 협박했다. 나는 "제발 부탁입니다. 제발 죽이지 말아 주세요."라고 말했다. (말레이시아, 로잘린 소우)

수용소에 억류되어 있었는데 일본군 장교들이 나타나 여자들을 뽑아갔다. 그들은 목부터 다리까지 칼로 내 몸을 쓸어내렸다. 마치 고양이가 쥐를 가지고 놀 듯이, 잔혹하게 나를 강간했다. (네덜란드, 얀 루프-오헤른)

1942년 열여섯 살 때 집 앞에 있는 일본군 6명이 직업을 알선해 주겠다며 나를 끌고 갔다. 거절하자, 그들은 나의 머리채를 당기고 총구를 들이대며 위안소로 끌고 갔다. 매일 여러 명의 군인에게 강간당했으며, 그들은 나를 잔인하고 굴욕적으로

취급했다. (인도네시아, 스하나)

일본군에게 납치되었을 때 몇 살이었는지 기억나지 않는다. 나는 그저 어린아이였고 일본군에게 끌려가 강간을 당했다. 그들은 나를 집으로 보내 주기는 했지만 매일 특정 장소로 데려가 성적 서비스를 강요했다. 이렇게 강간당한 여성 중에는 살해당하는 사람들도 있었다. 일본군은 모든 것을 파괴해 버렸다. (동티모르, 에스메랄다 보어)

지금까지 정의를 요구해 온 10년간의 어려운 싸움 끝에 열리게 된 '2000년 법정'은 줄곧 바라던 정의를 내게 보여 주었다. 우리에게 귀 기울이고 우리의 존엄을 회복시켜 준 재판은 이것이 처음이었다. (필리핀, 포마사 살리노그)

여성법정은 생존자들의 증언을 통해 '인간이 어떻게 이토록 비인도적인 행동을 할 수 있는가?'라는 질문을 던졌으며 인종 및 민족 차별, 성적 차별 그리고 전쟁이 초래할 수 있는 폭력성을 드러냈음을 분명히 했다.

본 법정은 일본군 병사 출신 2명의 가해자로부터 위안소 제도 안팎에서 여성에 대한 강간에 관련되었거나 혹은 이를 장려, 조장했다는 증언을 들었다. 그들의 증언은 위안부와 현지 여성들에 대한 성폭력 문화를 군이 장려했음을 뒷받침해 주었다. 가해자 증언은 위안부 제도 안팎의 성폭력이 선택적인 동시에 인종주의적으로 이루어지고 있음을 확인해 주었다. 그리고 일본인 입장에서 보아 강간이나 유괴를 해도 항의나 격렬한 분노 및 복수를 초래하지 않을 것으로 생각되는 여성들을 표적으로 했다는 고발을 확증했다. 우리는 자신의 범죄행위를 인정하는 이 증언을 신뢰할 수 있는 것으로 판단했다. (판결문 제5부 법적 판단과 평결A 서문: 수리된 기소 사실과 증거의 개요 중)

전원일치 유죄를 선고하다

각국의 전문가로 구성된 판사단은 3일간의 사실인정을 거치고 12월 12일 약식 판결을 내렸다. 피고인 9명에 대한 판사단 전원일치 유죄판결이었다. '유죄'가 선고되는 순간 생존 피해자들은 환호했다. 이날 히로히토 일왕은 일본 정부의 최고 책임자로서 종전 이후 처음으로 유죄 선고를 받았다. 2001년 12월 3일과 4일에는 네덜란드 헤이그에서 열린 2000년 여성법정 최종 판결을 통해 히로히토 일왕과 전범 9명에게 정식으로 유죄를 선고하고 일본의 국가배상 책임을 분명히 했다.

2000년 여성법정은 법적 구속력이 없는 시민법정, 민간법정이었다. 세계 시민의 힘으로 엄격한 재판의 절차를 갖춰 일본군'위안부' 문제의 본질을 재확인하고 국가에 의한 폭력과 범죄를 단죄한 그 자체로 역사적인 사건이었다. 세계 시민 사회에 일본의 전쟁범죄를 공식화했으며, 전쟁 시 여성에 대한 성폭력을 반드시 처벌해야 할 범죄로 인정했다.

여성법정의 방청객은 나흘간 연일 1000명을 웃돌았고, 각국에서 300여 명의 취재진이 몰려들었다. 정치적 압력에 굴복한 일본 방송국 NHK가 제작한 다큐는 히로히토 일왕에 대한 유죄 선고, 일본 가해 병사의 증언 등이 삭제되고, '일본군', '성노예', '처벌' 등의 용어도 일절 언급되지 않도록 편집되었다. 여성법정 이후 위안부 운동은 일본 우익들에게 더욱 거센 공격을 받았다. 이는 오히려 여성법정이 얼마나 대단한 것이었는지를 방증하는 것이 아닐까?

세계 각지의 전문가들로 구성된 여성법정의 판사단이 작성한 최종 판결문은 모두 8부로 구성되어 있다. 최종 판결문에는 여성법정의 정신과 내용, 역사적 의미가 집대성되어 있다.

(판결문 중 제5부 법적 인정과 판결)

D. 판결

결론적으로 피고인 9명을 강간과 성노예제에 대한 인도에 반하는 죄로서의 기소한 공동기소장의 소인 1과 2에 관해 판사단은 전원일치로, 일왕 히로히토, 안도 리키치, 하타 슌로쿠, 이타가키 세이지로, 코바야시 세이조, 마츠이 이와네, 테라우치 히사이치, 토조 히데키, 우메즈 요시지로를 헌장 제3조 2항 및 제3조 1항에 따라 '위안부'에게 자행된 범죄에 대해 상관으로서의 책임 및 개인으로서의 책임에서 유죄로 결정한다.

(판결문 중 제7부 배상)

B. 권고

본 법정은 그 책임을 이행하기 위하여 일본 정부는 다음 각각의 구제 조치를 제공해야 한다고 결정한다.

1. '위안부' 제도 설립에 대한 책무가 있다는 것, 그리고 이 제도가 국제법을 위반하였다는 것에 대한 완전한 인정

2. 법적 책임을 지고, 반복하지 않음을 보장하면서, 완전하고 솔직한 사죄를 하는 것

3. 희생자, 생존자, 그리고 법정에서 판결된 위반의 결과로서 회복될 자격이 있는 사람들에게 정부를 통해서, 그리고 피해를 구제하고 장래의 재발을 방지하기 위해 충분한 금액의 배상을 하는 것

4. 생략

5. 생략

6. 희생자들을 기념과 "다시는 안 된다"고 약속하기 위한 기념관, 박물관, 그리고 도서관을 설립하여 희생자와 생존자들을 인정하고 기리는 것

7. 모든 학년의 교과서에 중요한 내용을 기술하는 것을 포함한 공식 및 비공식 교육시책을 후원하는 것, 그리고 학자와 작가에 대해 지원하는 것. ……

8. 생략

9. 생략

10. '위안소'에 관한 정부 소유의 모든 문서와 기타 자료를 공개

하는 것

11. '위안소' 설치와 그로 인한 징집에 관여한 주범을 확인하여
   처벌하는 것

12. 가족이나 친척이 요구할 경우 사망자의 유골을 찾아 반환
   하는 것

(판결문 중 제8부 결론)

역사적으로 반복해서 국가들은 무력 분쟁의 폭력 가운데 여
성에게 저질러진 성폭력 범죄를 무시하여 왔다. …… 이렇게
전쟁 종결 직후 재판으로부터의 이러한 배제는 생존자를 침묵
시키고 모욕했으며 이들의 치유를 방해하는 용서받지 못할 역
할을 했다.

우리의 희망은 이 여성국제법정의 도덕적 힘과 판결이 세계
각지의 사람들뿐만 아니라 국가들로 하여금 일본에게 이러한
잔학행위를 복구하고, 잘못을 바로잡으며, 미래 세대가 여성의
평등과 존엄에 대한 존중을 바탕으로 앞으로 나아갈 수 있게
하는 책임을 인정하도록 만드는 것이다. …… 생존자에 대해
저질러졌던 이 범죄들은 제2차 대전의 가장 알려지지 않고 구

제되지 않았던 부정행위의 하나로 남아 있다. 박물관도, 무명의 '위안부'들을 위한 무덤도 없으며, 미래 세대에 대한 교육도 없다. 그리고 일본군의 침략 전쟁의 특징이었던 일본군 성노예제와 당시 만연한 성폭력과 잔학 행위의 피해자를 위한 심판의 날도 없었다.

따라서 이 판결을 통해 본 법정은 일본군 성노예제의 모든 여성 피해자를 명예롭게 하고자 한다. 판사단은 살아가기 위해 그리고 찢겨진 인생을 재건하기 위해 힘써 싸워오고, 공포와 수치를 넘어 세계를 향해 그들의 이야기를 하고 우리 앞에서 증언한 생존자들의 불굴의 의지와 존엄성을 높이 평가한다. ……

(출처: 한국정신대문제대책협의회 엮음, 《히로히토 유죄》,

한국정신대문제대책협의회, 2007.)

과테말라 여성시민법정

과테말라의 요란다 아기라르Yolanda Aguilar는 '2000년 여성법정'에서 전시 성폭력 피해자로 증언대에 섰던 인물이다. 그는 도쿄에서의 경험을 계기로 과테말라에서 금기시되던 내전內戰 시기 성폭력 피해 경험을 공유하는 장을 만들기 위해 노력했다. 피해자들이 바라는 가해자의 처벌과 보상은 현실적으로 불가능했다.

과테말라에서는 국민화해법에 따라 내전 시기의 정치범죄에 대해서는 면책이 보장되고, 성폭력에 대해서는 오히려 피해자에게 죄를 전가하는 사회적 인식이 만연했기 때문이다.

2010년 3월, 과테말라시티대학에서 500명 이상이 참여한 가운데, 이틀에 걸쳐 과테말라 여성시민법정이 열렸다. 방청석에는 110명의 여성 원고가 앉아 있었고, 과테말라 치안부대에 의한 강간에 대해 처음으로 유죄 판결을 받아 낸 후아나 멘데스를 비롯한 성폭력 피해자 5명이 '명예 판사'로 임명되었다.

증언자들이 마을로 돌아갔을 때 불이익을 당하지 않도록 단상에는 실루엣만 보이는 가림막을 설치했다. 명예 판사가 읽어 내려간 최종 판결에는 위법행위가 자행된 것에 대한 정부의 책임이 선고되었고, 내전 시기 인권 침해에 대한 면책을 해제할 것, 국제형사재판소 설치 조약에 비준할 것, 국가 및 관계 기관의 정보를 공개할 것, 피해자에 대한 보상을 실행할 것, 재발 방지를 위한 정책을 입안할 것 등 정부에 대해 15개 항목의 권고가 내려졌다. 여성들 자신이 전시 성폭력 문제를 '문제화'하는 과정을 함께 만들어 냈다는 점에서 '과테말라 여성시민법정'은 상징적인 퍼포먼스에 그치지 않고 사회적 인식의 지평을 바꾸는 계기가 되었다.

- 함께 이야기할 거리-

○ 일본군'위안부' 문제가 전쟁범죄이면서도 '전범 재판'에서 제대로 다뤄지지 못한 이유는 무엇일까?

○ '고노 담화'와 '국민 기금'을 어떻게 평가해야 할까?

○ 내가 제안하는 함께 이야기할 거리: _____

_____

네 번째 이야기

함께 만드는 기억,
함께 여는 평화의 미래

- 함께 생각할 거리 -

○ 일본군'위안부'에 대한 부정론은 왜 위험할까?

○ 일본군'위안부' 문제를 해결한다는 것은 무슨 뜻이며, 어떻게 해결할 수 있을까?

○ 일본군'위안부' 피해자들과 그들의 목소리를 왜, 어떻게 기억해야 할까?

김학순'들'과 함께한 30년

　2021년은 김학순의 증언이 있은 지 30년이 되는 해이다. 김학순'들'의 증언을 계기로 한국을 비롯한 각국의 시민운동이 활발해지고 국경을 넘어선 연대활동도 꾸준히 전개되었다. 위안부 기림일을 정하여 기념할 수 있게 된 것 역시 국제적인 연대활동의 결과였다. 그렇게 지난 30년 동안 숱한 어려움을 딛고 이뤄 낸 결실, 소중한 성과가 적지 않다.

　피해자들의 용기 있는 증언을 계기로 일본군'위안부' 문제가 국제사회에 널리 알려지고, 피해자와 피해국 정부만이 아니라 국제적으로 대처해야 할 사안임을 분명히 한 것은 중요하고 의미 있는 성과였다. 일본군'위안부' 제도가 과거 제국주의 국가 일본이 자행한 전쟁범죄라는 사실은 국제사회의 상식이 되었다. 1990년대에 유엔에서 공식 조사를 진행하고 쿠마라스와미 보고서와 맥두걸 보고서를 채택하여 국가에 의한 전쟁범죄임을 분명히 했다.

이러한 성과에서 힘입어 피해자들과 이들을 지원하는 사람들의 국경을 넘어선 연대가 2000년 도쿄에서 '일본군 성노예 전범 여성 국제 법정'을 이뤄 낼 수 있었다. 이 법정을 통해 전 세계로 퍼져 나간 단결된 목소리는 다시 일본의 책임 있는 행동을 촉구하는 국제사회의 움직임으로 이어졌다. 또한 일본 군'위안부' 제도는 전쟁과 무력 분쟁 상황에서 식민지와 점령지 여성을 강제로 동원하여 전쟁 소모품과 다를 바 없는 도구로 취급하며 운영한 노예제도였으며, 여성의 인권을 극도로 침해한 제도였다는 사실이 세계노동기구의 규약으로, 미국, 캐나다, 호주 등의 의회 선언과 유럽연합의 결의안으로 확인되었다.

어렵게 자신들의 이야기를 꺼낸 피해자들에게 귀를 기울여 공감하는 사람들이 늘어난 점도 소중한 결실이다. "당신의 잘못이 아니에요."라고 위로하며, 피해자들의 깊은 상처를 치유하고자 발 벗고 나선 사람, 여러 가지 방법으로 뜻과 마음을 보태는 사람이 많아졌다. 나아가 처참하고 비극적인 기억이 피해자 개인의 것에 그쳐서는 안 되며, 사회적으로 함께 기억해야 한다는 공감대가 넓게 형성되었다. 수요시위가 학교 밖 역사교육의 현장이 될 수 있었던 점도 이런 공감대가 있었기 때문이었다. 수요시위에 참여한 '교복 입은 시민'을 통해 그 공감대가 더욱 넓어지고 단단해질 수 있었다.

가장 중요한 결실은 일본군'위안부' 피해자들이 세상으로 나와 다른 사람들과 더불어 자신의 삶을 다시 이어 갈 수 있게 된 점이다. 오랜 고통을 딛고 인권운동가로 탈바꿈한 피해자들은 일본 정부를 상대로 언제 끝날지 모르는 싸움을 하면서도, 지금도 계속되는 무력 분쟁 지역의 여성 성폭력 문제를 해결하는 데 적극적으로 나서고 있다. '나비기금'은 그런 뜻이 모여 만들어졌다. 물론 구술 증언에 나서면서 끝내 이름을 드러내지 못한 피해자도 있고, 자신이 위안부 피해자임을 가슴에 묻고 삶을 마감한 사람도 무수히 많을 것이다. 위안부 피해자들이 처한 삶이 제각각 다르고, 어떻게 살 것인가는 각자의 선택이므로 존중해야 한다.

지난 30년간 역사적 사건으로 일본군'위안부'의 진실을 밝히고, 그 의미를 찾기 위한 학술적 연구도 꾸준히 이뤄졌다. 한국, 중국, 일본 등 각국의 연구자들이 쌓아 온 연구들은 시민단체 활동과 사회운동에 새로운 활기를 불어넣었다. 그렇지만 일본군'위안부'는 지금까지 알려진 것보다 앞으로 밝혀야 할 부분이 더 많다. 조선과 타이완의 여성들, 중국과 인도네시아, 그리고 다른 지역의 여성들이 어떻게 위안부로 동원되었으며 그 지역은 어디이고 피해 규모는 어느 정도였는지, 전쟁 후 귀환하면서 어떤 어려움을 겪었는지, 지금까지 어떤 삶을 이어 왔는지 알려지지 않은 부분이 많다. 피해자의 증언과 이를 뒷받침하는 목격자나 주변인의 증언, 각종 문서나 자료를 통해 위안부 제도의 대략적인 모양과 성격을 드러낼 수 있었지만 진상을 상세히 알기 위해서는 아직까지 손길이 닿지 못한 자료를 발굴해야 한다.

김학순'들'과 함께한 30년 동안, 일본군'위안부'가 어떤 사건이었는지, 어떤 시선으로 보고 진실을 어떻게 밝히며 무엇을 반성하고 성찰해야 하는지 많은 사람이 고민하고 이야기해 왔다. 비록 사람들의 생각이 다르기도 했지만 서로 영향을 주고받으며 성장했다.

대부분의 사람이 오랫동안 일본군'위안부'를 일본의 침략 전쟁에 식민지 조선의 젊은 여성들이 희생된 사건으로 보았다. 일제 식민 통치 기간에 조선 사람들이 감당해야 했던 민족의 수난으로, 조선을 식민 통치했던 일본과 당했던 조선의 민족

문제로 이해했다. 일본군'위안부'에 대한 일본의 사죄와 배상은 식민 통치 아래에서 민족이 입은 피해에 대한 것으로 보았다. 일본군'위안부' 문제를 민족 문제로 보는 시각은 지금도 여전히 강력하다. 가장 많은 여성이 위안부로 동원된 곳이 바로 식민지 조선이었기 때문이다.

일본군'위안부'를 민족의 문제로 바라보는 관점이 비단 민족 감정에서 나온 것만은 아니다. 위안부 제도는 식민지 여성을 동원하지 않고서는 유지될 수 없는 구조였다. 일본 여성, 식민지 여성, 점령지 여성이 위안부로 동원되었지만 관리와 처우가 달랐다. 일본 여성은 상대적으로 인원이 적고 주로 장교들을 상대했다고 알려졌다. 중국과 인도네시아, 필리핀 등 점령지 여성은 폭력적으로 연행된 문서 기록이 자주 눈에 띄고 동원 기간이 비교적 짧았다. 식민지 여성은 강제로 동원되어 군이 관리하는 장거리 이동과 장기간 위안소 감금 생활을 감내해야 했다. 이렇듯 저마다 다른 피해가 어떤 이유에서 어떻게 발생했는지 밝히려면 민족 문제로 보는 시각이 필요하다.

하지만 민족 문제만으로 일본군'위안부' 문제를 바라보면, 정작 강제로 동원되어 삶이 파괴된 피해자 개인의 말하지 못할 고통과 그런 고통을 오랜 시간 견디며 살아 온 이야기를 제대로 들여다볼 수 없다. 그래서 위안부 피해자들이 '여성'이었다는 사실에 주목해서 이 문제를 이해해야 한다는 목소리가 점점 커지고 힘을 얻고 있다.

위안부 피해자들은 대부분은 가난한 가정, 하층 계급에 속한 이들의 딸들이었다. 식민 통치를 받던 조선 사회에서는 뿌리 깊은 남존여비 문화 속에서 가족의 생계를 위해 딸을 희생시키는 일이 비일비재했다. 경제 상황이 어려워질수록 인신매매나 취업 사기가 극성을 부렸고, 제대로 배우지 못해 세상 물정에 어두운 여성들이 손쉬운 표적이 되었다. 이런 여성들은 가족이나 사회로부터 어떠한 보호도 받지 못했다. 전쟁이 끝나고 천신만고 끝에 살아 돌아왔어도, 일본군에게 더럽혀진 몸으로 가족의 수치가 될까, 남에게 알려질까 두려워하며 반세기 가까이 침묵을 지켰다. 식민지나 점령지 여성, 일본 여성 역시 다르지 않았다. 이렇듯 피해자들의 삶을 옥죄던 힘, 폭력의 구조를 밝혀내려면 여성의 시각으로 위안부 강제 동원부터 전쟁 이후의 삶까지 살필 수 있어야 한다.

또한 일본군'위안부'는 세계(사)적 문제이다. 역사적으로 민족과 여성의 시각으로 위안부 문제를 들여다볼 때 그 바탕에는 세계사적 시야가 깔려 있어야 한다. 유엔 인권위원회에서 일본군'위안부'를 의제로 삼은 까닭은 '군과 정부가 개입한 전쟁 중 강간과 성폭력'이 아직까지 해결하지 못한 세계사적 문제, 궁극적으로 인권과 평화, 인류의 미래에 관한 문제이기 때문이다. 인류의 보편적 문제로 일본군'위안부'를 바라볼 때 일본이라는 '국가'를 국제법으로, 전쟁범죄의 가해자로 규정하여 책임을 물을 수 있다. 그리고 여러 나라의 피해자들이 너 나 할 것 없이 소리 높여 말하는 '더 이상 같은 비극을 되풀이하지 않는 미래'를 상상할 수 있다.

이러한 상상이 조금이라도 현실에 가까워지려면, 우리 가운데 어느 누구도 가해자 편에서 비극을 만드는 데 일조하는 사람이 되지 않겠다는 결심이 필요하다. 거기에 더해 누군가 비극의 희생자가 되는 것을 그저 지켜만 보는 사람으로 살지 않겠다는 결의도 있어야 한다. 또한 이러한 마음가짐을 지키기 위한 고민과 노력도 뒤따라야 한다. '가해자의 동조자나 비극의 방관자 되기'가 우리의 일상 속에 생각보다 가까이 있음을 잊지 말아야 한다. 피해자의 편에 서려는 노력은 때로 자신을 어려움에 빠트리거나 불편을 감수해야 하는 상황을 초래하기도 한다. '비극을 되풀이하지 않는 미래'를 만드는 일은 그만큼 어려운 일이다.

'역사전歷史戰'과 역사 부정

2015년 아베 일본 총리의 전후 70년 담화 내용은 많은 일본 국민의 지지를 받았다.

일본에서는 전후 세대가 바야흐로 인구의 80퍼센트를 넘고 있습니다. 그 전쟁과는 아무런 관련이 없는 우리의 자손, 그리고 다음 세대 후손에게 계속 사죄해야 하는 숙명을 짊어지게 해서는 안 됩니다.

70년 담화는 애당초 위안부라는 단어를 언급하지 않았다.

아무런 죄도 없는 사람들에게 헤아릴 수 없는 손해와 고통을 우리나라가 안겨 주었다는 사실, 역사는 실로 되돌릴 수 없는 가혹한 것입니다. 개인에게는 개인의 인생이 있고, 꿈이 있고, …… 우리는 과거 20세기, 전시하, 많은 여성의 존엄과 명예에 깊은 상처를 준 과거를, 영원히 가슴에 새기겠습니다.

그러나 일본 정부는 '가슴에 새기는 것'과는 반대로 움직여

왔다. 역사 교과서의 위안부 관련 내용을 삭제하고 고노 담화의 작성 과정을 검증한다는 명분으로 일본군'위안부'를 부정하고 싶은 속내를 드러냈다. 사죄의 책임을 후손에게 물려주지 않는 방법으로 아베 총리, 일본 정부 내 우파 인사, 우익 논객들이 선택한 것은 불편하고 부담스러운 역사를 부인하고 부정하는 일이었다.

'부인否認, denial'은 "(무엇이) 사실이 아니라고 말하고", "(무엇을) 인정하지[받아들이지] 않고", "(남이 원하는 것을) 거부하는" 것을 뜻한다. 그들은 일본군'위안부'가 없었다거나 위안부가 있었을지 모르나 일본군'위안부'는 없었다고 주장하고 있다. 일본군'위안부'를 역사적 사실이 '아니'라고 주장하며 일본 군부와 일본 정부에 전쟁범죄의 책임을 묻지 않는다. 따라서 피해자와 국제사회가 요구하는 진심 어린 사죄와 법적 배상을 '거부'한다.

일본의 역사 부정은 일본군'위안부' 문제만이 아니다. 난징 대학살도 부정한다. 난징 대학살은 중국 공산당이 국가 전략으로 시행하고 있는 정보 전쟁이라고 주장한다. 난징 대학살 60주년인 1997년 중국계 미국인 아이리스 장이 쓴 《난징의 강간》이 미국에서 출간되어 베스트셀러가 되었고, 난징 안전구 국제위원회 의장이었던 독일의 욘 라베가 남긴 일기가 간행되어 큰 반향을 일으켰다. 아이리스 장의 책이 일본 우파에 안겨준 충격은 대단했다.

일본 우파들은 난징 대학살과 일본군'위안부' 문제를 역사적 문제가 아닌 정치적 문제로 접근하려고 했다. 중국과 한국이 국내외의 정치적 이익을 노리고 난징 대학살과 일본군'위안부' 문제를 이용하여 일본을 궁지에 몰려고 공격했다는 것이다. 일본 우파와 미디어는 이를 상대방이 먼저 걸어오고 일본이 적극적으로 방어해야 하는 싸움으로 '전쟁'에 비유하여 '역사전'이라고 불렀다.

역사전은 단순히 과거의 기억에 대한 투쟁이 아니다. 국제사회에서 일본의 영향력을 확장하려는 움직임의 일부이다. 일본 우파는 난징 대학살로 희생된 30만 명도, 일본군'위안부'도 모두 거짓 주장이며 일본에 누명을 씌우고 일본을 지배하기 위한 선전이기 때문에 이에 대항하기 위해 해외로 '정보 발신'을 하지 않으면 안 된다고 주장한다. 그러면서 일본군'위안부'나 난징 대학살에 대해 일본 정부의 책임을 추궁하고 해결하려는 노력을 사악한 의도로, 누군가의 모략에서 시작된 것으로 몰아세우며 일본 사회의 피해의식을 부추긴다.

역사전은 독도나 센카쿠 열도 영유권 문제와도 관련이 있다. 이른바 '자학사관'이 일본을 정신적으로 군사적으로 무장해제 시키기 위한 것으로 일본의 역사관을 회복하지 않으면 센카쿠 열도를 중국에 침략당하고 독도를 한국에 영원히 빼앗긴다고 주장하기도 한다.

2010년 미국 뉴저지주 팰리세이즈파크에 위안부 추모비가 세워진 것을 계기로 일본 우파의 역사전은 더욱 거세졌다. 2013년 캘리포니아주 글렌데일시의 위안부 소녀상 설치에 대해 시를 상대로 소송을 제기하기에 이르렀다. 이후에도 오스트레일리아, 캐나다, 프랑스 등지에서 위안부 소녀상과 추모비 설치, 박물관 전시, 위안부 결의안 등에 대한 일본 우파와 재외 우파 일본인들의 항의가 이어졌다.

일본 우파는 유엔을 무대로 한 역사전에도 나섰다. 2014년부터는 매년 대표단을 제네바와 뉴욕에서 개최되는 여성차별철폐위원회와 여성지위위원회 등에 파견한다. 2016년 2월, 제네바에서 열린 유엔 여성차별철폐위원회에서 일본 정부의 태도가 이전과 달라졌다. 일본 정부는 과거 몇 번이나 이 위원회로부터 위안부 문제에 대한 대처가 미비하다는 지적을 받아 왔다. 일본 정부는 고노 담화나 아시아여성기금 등 1990년대에 시행한 정책에 대해 설명하면서 이미 충분히 책임을 다했다고 해명해 왔다. 그러나 2016년 위원회에 대표로 참가한 스기야마 신스케 일본 외무성 외무심의관은 위안부 자체를 부정하는 발언을 했다. 강제 동원은 없었고 위안부 20만 명은 근거가 없으며 성노예가 아니라고 주장했다.

기억 지우기와 책임 피하기

역사학자 테사 모리스 스즈키는 과거 역사적 사실에 대한 사람들의 이해를 '수정'하고 공공의 장에서 특정한 사실에 대한 기억을 지우고 말살하려고 하는 것을 '말살의 역사학'이라고 불렀다.

일본 우파 논객들은 역사적 사실과 진실을 냉소적으로 대한다. 역사는 해석의 학문이고 역사 서술은 연구자가 구성하므로 "아무도 100퍼센트 증명할 수 없다."고 주장한다. 괴변일지라도 '목소리 큰 쪽'이 이긴다는 것이며, 이미 중국과 한국이 그렇게 하고 있으니 일본도 열심히 주장하여 '대일 포위망'을 뚫어야 한다는 것이다.

이러한 역사 부정, 부인론은 아베 정권 지지층, 아베 총리의 영향을 받은 사람들 사이에 깊이 뿌리를 내리고 있다. 보통 시민은 '큰 목소리'로 들리는 부정론에 빠져들기 쉬우며 이 같은 악순환을 멈추는 일은 결코 쉽지 않다.

일본 우파들은 일본 민족과 국가의 명예와 이익을 지키기 위함이라고 주장한다. 난징 대학살이나 위안부 문제가 '역사적 진실'로 받아들여진다면 일본이라는 국가와 일본인은 앞으로 영원히 '범죄 국가', '범죄 민족'이라는 불명예를 떠안게 되며 이는 국가가 망하느냐, 살아남느냐가 달린 중대 사안이라는 것이다. 일본 자손들은 자신들에게 더럽혀진 일본인의 피가 흐른다는 사실을 혐오하게 된다고 주장한다.

이 주장에는 위험하기 짝이 없는 인종주의* 관점이 숨어 있다. 일본인의 관습이나 특성에 의하면 난징 대학살과 같은 행동은 생각할 수 없고, 그것은 오직 중국인의 속성과 문화를 반영한 거짓말이라는 것이다. 이 관점은 한국과 일본군'위안부' 문제에도 그대로 적용된다. 한국인의 나쁜 민족성, 거짓말 잘하는 특성을 일본인에게 덮어씌웠다고 주장하는 것이다.

* 　개별 인종의 생물·생리학적 특징에 따라 유전적 우열이 있다고 하여, 특정 집단에 대한 멸시, 차별, 박해 따위를 정당화하려는 사고방식

최근 한국에서도 이와 닮은 주장이 급속히 번지고 있다. 한국인은 역사적인 사실에 대해 능숙하게 거짓말을 하며 일본군'위안부'는 성노예가 아닌 공창이고 스스로의 선택으로 생명을 담보로 고수익을 올릴 수 있는 위안부가 되었다. 설혹 그들 중 일부가 인신매매되었다고 해도 그 책임은 딸들을 팔아넘긴 한국의 가부장제와 한국인 업자 탓이다. 위안부는 한국의 역사 속에서 이어져 온 매매춘의 일부로 봐야 하고, 일본군'위안부'만 똑 떼어 내어 일본을 공격하는 것은 미신을 신봉하고 거짓말을 잘하는 한국의 민족성 탓이라는 내용이다.

한국과 일본에서 한목소리를 내며 일본군'위안부'를 부정하는 이들의 목적은 현실의 이익에 이용할 수 있는 가짜 '사실'을 만들어 큰 목소리로 퍼뜨리는 것이다. 일본 우파의 목적은 역사적 사실과 진실을 지우고 은폐하여 일본이 전쟁범죄의 역사적 책임과 법적 책임을 피하려는 데 있다. 그들은 이것이 국가의 이익이며 명예를 찾는 일이라고 말한다.

그렇다면 한국에서 위안부를 부정하는 사람들의 목적은 무엇일까? 한 경제학자는 극우 세력이 장악한 일본과 보조를 맞출 수 있는 친일 보수 정권을 한국에 세워서 공고한 한미일 삼각협력 체제를 구축하는 것이라고 했다. 한국의 민족주의를 국익을 깎아 먹는 반일사상으로 낙인찍고, 친일이 현실의 이익에 부합한다는 주장을 퍼뜨리는 이유와 속내를 잘 따져 봐야 한다.

일본의 우파나 그들에게 동조하는 한국의 논객들에게 역사의 '진실'보다 더 중요한 것은 그들이 역사의 진실을 바로 세운다는 명분으로 위장하여 지키고 싶은 어떤 믿음이나 정치적 욕망이다.

역사학 분야에서 엄격하게 검증된 사실과 토론을 통해 정립된 진실을 허무는 가장 흔한 방법은 연구자들이 편향되어 있다고 주장하는 것이다. 일단 의심을 퍼뜨리고 나면 큰 노력 없이 사람들로 하여금 '다른 가능성'을 고려하도록 만들 수 있다. 인간 본연의 인지 편향cognitive bias을 교묘하게 자극하고 진실에 대해 지엽적인 의문을 제기하며 편파적인 방식으로 미디어를 이용한다.

이러한 역사 부정은 널리 인정받는 과학적 사실(지구온난화, 백신 등)의 존재 자체를 부정하거나 과학적인 연구 방식의 정당성을 부정하는 태도인 과학부인주의science denialism와 일맥상통한다. 과학부인주의를 조장하고 확산시키는 일에는 정치적 이해나 경제적 이윤의 논리가 숨어 있다.

역사 부정과 부인의 결과는 일본군'위안부', 난징 대학살 등 역사적 사실들이 '버려지거나 지워지는 것'으로 끝나지 않는다. 한 사회의 기억 문화와 지성을 걷잡을 수 없이 병들게 한다. 과거의 잘못된 유산을 바로잡을 책임이 누구에게 있는지 확인할 수 없고, 역사적 책임 문제와 대면할 수도 없게 된다.

'요시미 재판', 역사 부정과 부인에 힘을 싣다

2013년 5월, 일본 외국특파원협회에서 전 일본 중의원 사쿠라우치 후미키가 일본군'위안부'는 성노예라는 요시미 요시아키 교수의 저술에 대해 '날조'라고 발언했다. 요시미 교수는 2013년 7월 26일 사쿠라우치를 명예훼손으로 고소했다. 이 재판은 '사쿠라우치의 발언이 요시미 교수의 명예를 손상시켰는가?' 하는, 발언의 위법성을 따지는 것이었다. 일본에서 요시미 교수를 지지하는 시민이 모여 '요시미 재판 함께 액션'이라는 모임을 만들어 재판을 지원하고 각종 활동을 전개했다. 모임에 참여한 사람들은 이 재판이 요시미 교수의 명예 회복을 목표로 하지만, 일본 사회의 위안부에 대한 인식을 다시 묻고 진정한 해결을 목표로 하는 성격을 띤다는 사실을 알고 있었다.

2016년 1월 20일, 도쿄 지방재판소의 판결이 나왔다. 요시미 교수의 패소였다. 재판부는 사우라우치의 주장이 명예훼손이 아니고 위법성도 없다고 판결했다. 요시미 교수는 항소했다. 그러나 도쿄 고등재판소는 요시미 교수의 항소를 기각하는 부당 판결을 내렸다. 요시미 교수는 바로 최고 재판소에 상고했으나 대법원에서도 그의 청구는 기각되었다.

다음은 재판부의 판결 내용이다.

"사쿠라우치 전 자민당 의원의 거짓 발언으로 요시미 교수의 사회적 평가가 저하된 것은 사실이지만, 일본군'위안부' 문제라는 공익을 위한 발언이었기 때문에 배상 책임이 없다."

공공연히 역사를 부정하면서 논란거리를 만들어 내는 일이 공익을 위한 발언일 수 있을까?

역사에 대한 책임과 기억의 의무

과거 국가 권력이 저지른 잘못에 대해 사죄하고 역사적으로 책임을 지며 정치적 부담을 가지고 있는 나라는 일본만이 아니다. 제2차 세계대전 당시 유대인 학살에 대한 독일의 사죄와 배상 말고도 여러 사례를 찾아볼 수 있다. 그중 하나인 케냐의 마우마우 무장 독립 투쟁은 많은 사람에게 알려진 역사적 사실이다.

영국으로부터 독립하고자 했던 이 투쟁을 영국은 무자비하게 짓밟았다. 그때 폭력으로 진압된 피해자와 유족들이 2013년 사죄 및 배상 청구 소송을 제기했다. 사법부의 결정에 따라 영

나이로비 시내 중심가에 세워진 마우마우의 지도자 데단 키마티 동상

국 정부는 케냐 수도 나이로비에 있는 공원에 동상을 세웠다. 마우마우 추모비이다. 재판에서는 식민지 지배자와 피지배자 사이에 합의가 이뤄졌다. 그 합의 내용에는 영국 정부의 '통절한 뉘우침'을 공식적으로 표명하는 것과 피해자 구제 기금 조성이 포함되었다. 그러나 아직도 수많은 피해자에 대한 배상이 남아 있다.

최근 체코와 독일 정부는 제2차 세계대전 때 저지른 잘못에 대해 서로 사죄했으며, 노르웨이에서는 국왕이 국내의 소수민족인 사미족에 대한 처우를 사과했고, 뉴질랜드에서는 토지를 강탈당한 마오리족에 대한 사죄문에 영국 여왕이 서명했다. 베트남전쟁 중에 발생한 미라이 학살에 대한 미국의 책임성 문제는 여전히 논란거리이고 몇몇 미국의 정치가와 운동가는 노예매매 피해자 자손에게 보상하라는 운동을 벌이고 있다.

국가의 사죄는 단지 과거 잘못에 대한 '죄'를 재단하고 단죄하는 일에 그쳐서는 안 된다. 피해자들에 대한 사죄와 법적 배상, 그것을 기억할 수 있는 제도적 장치를 마련하는 데까지 이어져야 한다.

역사교육은 잊지 말고 기억해야 할 과거의 잘못, 피해자들의 상처와 용감한 목소리, 그것을 해결하기 위해 노력해 온 사람들의 행동을 사회적 기억으로 만드는 역할을 한다. 특히 학교 역사교육은 모든 사회 구성원의 의무이자 미래 세대의 권리이기 때문에 더욱 신중하게 이뤄져야 한다.

왜 일본의 학생들이 일본군'위안부'와 난징 대학살을 학교에서 배워야 할까? 미국의 학생들이 노예제의 역사를, 영국의 학생들이 마우마우 추모비를, 프랑스의 학생들이 알제리전쟁을, 독일의 학생들이 유태인 학살을 배우고 기억해야 하는 이유는 무엇일까? 그들이 이 세상에 존재하기 전에 벌어진 그 비극적 사건들에 대해 그들도 책임감을 느껴야 할까? 왜? 현재의 삶은 과거의 사건과 어떻게 이어져 있는가? 공동체의 과거 어떤 부분을 자신의 과거라고 할 것이며, 어떤 의미에서 자신의 과거로 받아들일까?

패전 후에 태어난 세대라 할지라도 전 세대가 저지른 전쟁과 불의에 대한 역사적 책임이 있다. 물론 직접 손에 피를 묻히고 그들을 죽이거나 해를 가하지 않았기 때문에 직접적인 '죄'는 없다. 그러나 그들의 삶은 희생자들의 목숨에, 피해자들의 고통에 그들도 모르는 사이에 빚을 지고 있다. 우리의 삶이 이뤄지는 사회 기반, 제도, 문화 등 모든 것이 시대의 유산으로부터 자유롭지 않다. 그러므로 과거의 불의를 떠받쳤던 잘못된 제도나 관행, 생각 등이 지금까지 남아 있다면 우리에게는 그것을 바로잡을 책임이 있다. 영국에서 오스트레일리아로 이주한 역사가 테사 모리스 스즈키는 자신의 역사적 책임에 대해 다음과 같이 말했다.

나는 직접 토지를 수탈하지 않았을지 모르지만 빼앗은 그 토지 위에서 산다. 나는 애버리진 학살을 직접 행하지 않았을지 모르지만, 그 학살의 기억을 말살하는 혹은 풍화風化시키는 프로세스에 관여한다. 나는 애버리진을 구체적으로 박해·차별하지 않았을지는 모르지만, 정당한 대응이 없었던 과거의 박해·차별에 의해 성립된 사회에서 생활하고 수익을 누리고 있다.

현재에 이르기까지 애버리진은 차별과 불평등에 직면해 있는데, 그것은 기초적인 부분에서 차별과 배제의 구조를 기반으로 한 과거의 수탈이나 학살의 역사와 무관할 수 없다.

(출처: 야마구치 도미 외, 《바다를 건너간 위안부》, 어문학사, 2017.)

20세기 후반부터 21세기를 사는 우리 대다수는 과거의 증오와 폭력에 직접 관여하지 않았다. 그러나 과거의 증오와 폭력은 현재 우리의 사회와 문화를 만들어 놓았다. 지금 그것들이 가져다 준 것을 반성하고 바로잡지 않으면, 그렇게 하기 위한 행동을 적극적으로 하지 않으면, 과거의 증오와 폭력은 우리 사회에 계속 영향을 주고 비극은 언제든 다시 생길 수 있다. 우리가 역사에 대해 책임을 진다는 말은 바로 이런 의미이다.

이렇게 우리의 삶이 과거와 연결되어 있기 때문에 오늘날 우리가 있고, 설령 내가 저지른 일이 아니라 하더라도 과거의 잘못에 대해 책임을 느끼고 내가 할 수 있는 행동을 하는 것이 마땅하다. 역사를 배우고 과거를 기억하는 것도 책임을 지는 행동이 될 수 있다. 일본군'위안부', 난징 대학살이라는 역사적 사건이 그렇다.

일본은 침략 전쟁과 그때 저지른 악행을 저지른 주체로 단죄를 받고 응분의 책임을 져야 했다. 전범 재판이 그러기 위해 열렸지만 실제로는 극히 일부만 다뤄졌다. 전쟁범죄를 저질렀던 전시의 일본을 계승한 현재의 일본 정부는 사죄하고 배상하라는 피해자와 국제사회의 요구에 응해야 한다.

과거 국가 권력이 저지른 잘못에 대해 사죄하고 역사적으로 책임지는 일에는 우리라고 예외일 수 없다. '우리는 그런 잘못을 저지르지 않아.', '우리가 그랬을 리 없어.'라고 말하기 전에 우리가 일본 우파에 분노하고 비난하는 이유를 차분히 생각해 봐야 한다.

2020년 4월, 베트남의 응우옌 티 탄 할머니는 한국의 서울중앙지방법원에 '베트남전쟁 한국군 민간인 학살 국가배상청구 소장'을 접수했다. 응우옌 씨는 8살이던 1968년 2월 12일 베트남 꽝남성 디엔반현 탄퐁사 퐁니마을에서 파월 한국군에 의해 복부에 총상을 입고 1년간 병원에 입원했으며 함께 총격을 당한 가족도 죽거나 다쳤다고 증언했다.

응우옌 씨는 2015년부터 한국을 찾아 자신의 피해 사실을 증언하고 한국 사회의 책임 있는 문제 해결을 촉구해 왔다.

2020년 4월 21일, 민주사회를 위한 변호사모임 베트남TF 관계자들이 서울중앙지방법원 앞에서 베트남전쟁 한국군 민간인 학살 국가배상청구 소장 접수 기자회견을 하고 있다. 이 소송의 원고인 응우옌 티 탄은 베트남에서 화상으로 기자회견에 참여했다.

2018년 4월에는 서울에서 열린 민간법정의 원고로 참여했고, 2020년 4월에는 청와대에 베트남전 민간인 학살 진상 규명과 사과를 요구하는 피해자들의 청원서를 내기도 했다.

응우옌 씨와 그를 돕는 단체에서는 베트남전 민간인 학살 문제가 공론화된 지 20년 이상이 지났지만, 한국 정부의 책임 있는 조치가 전혀 이뤄지지 않고 있다고 말한다. 우리 국방부는 한국군 전투 사료에 한국군에 의한 민간인 학살 관련 내용이 확인되지 않았고, 역사적 사실을 확인하려면 한국의 단독 조사가 아니라 한국과 베트남 정부의 공동조사가 선행돼야 하는데 여건이 조성되지 못했다는 입장을 내놓은 바 있다.

이제, 우리는 어떻게 해야 할까?

베트남전쟁 시기 한국군에 의한 민간인학살 진상규명을 위한 시민평화법정

2018년 4월 21일부터 22일까지 서울에서 한국군의 베트남전쟁 민간인학살에 대한 진상을 규명하고 그 책임을 묻기 위한 '베트남전쟁 당시 한국군에 의한 민간인학살 진상규명을 위한 시민평화법정'(시민평화법정)이 열렸다. 2000년 도쿄에서 열린 일본군 성노예 전범 여성 국제 법정을 모델로 하여 서울에서 베트남의 피해 생존자들이 원고가 되어 개최한 민간 주도 법정이었다. 이 법정에서 대한민국은 피고가 되었다.

'2000년 여성법정'에서 공동 검사단으로 참여한 이들과 후속 세대가 함께 2000년의 경험을 토대로 가해국의 구성원이라는 입장에서 법정을 꾸렸다. 따라서 '시민평화법정'은 가해자의 자리에 선다는 것이 무엇인지를 묻는 자리이기도 했다.

재판부는 약식 판결문에 배상금 지급과 법적 책임을 인정하고, 한국군의 베트남 민간인에 대한 살인, 상해, 폭행, 성폭력 등 불법행위에 대한 진상 조사를 실시하여, 한국군의 베트남전 참전을 다루고 있는 전쟁기념관을 비롯한 모든 공공시설에 그 결과를 전시하도록 권고했다.

'평화비' 그리고 끝나지 않은 화해의 여정

2013년 7월, 미국 캘리포니아주 글렌데일시의 소녀상 제막식에 참석한 김복동은 한국에 돌아와 다음과 같이 말했다고 한다.

소녀상과 헤어질 때 내 분신을 두고 오는 듯한 느낌이 들어 슬퍼서 어쩔 줄 몰랐다. 몸이 찢기는 것 같아 말로 표현할 수 없는 기분, 외국에 가는 건 힘들지만 '평화의 비'가 세워진다면 언제든지 날아가고 싶다.

일본 보수 언론이 '반일'의 상징이라며 연일 공격의 대상으로 삼고 있는 〈평화의 소녀상〉의 다른 이름은 '평화비', '기림비'이다. 세계 각지에 계속 세워지는 〈평화의 소녀상〉은 같은 모습이 아니다. 각지의 시민단체가 모금하고 토론을 거쳐 제작하여 세우기 때문이다.

경기도 고양시의 〈평화의 소녀상〉은 김학순 할머니의 모습을 하고, 소녀의 그림자를 옆에 두고 있다. 이화여대 앞의 〈평화의 소녀상〉은 학생들의 요청으로 나비의 날개가 달려 있다. 전쟁터로 끌려갔을 때의 모습부터 시간이 흘러 할머니가 된 모

미국 캘리포니아주 샌프란시스코 캘리포니아 스트리트 651. 2017년 11월 22일 샌프란시스코 세인트 메리 스퀘어에 설치된 〈평화의 소녀상〉. 위안부 문제를 최초로 증언한 김학순이 전통 의상을 입고 손을 맞잡은 한국, 중국, 필리핀 소녀들을 바라보고 있는 모습이다.

습까지, 그것을 잊지 않고 기억하려는 사람들의 꿈과 염원을 담아 동상의 모습은 점점 다채로워졌다.

2017년 미국 샌프란시스코 세인트 메리 스퀘어에 설치된 〈평화의 소녀상〉은 한국, 중국, 필리핀 소녀들이 세상을 향해 둥글게 손을 맞잡고 있다. 그들은 세상을 향해 용서와 화해, 정의와 평화를 말하려는 듯하다.

용서는 가해자의 진정한 사과와 사죄로부터 시작된다. 과거에 저지른 잘못에 대한 사과는 당연히 피해자들에게 해야 한

다. 과거에 저지른 과오를 시정하는 데 뒤늦은 때란 없다. 지금
도 존재하고 있는, 그 불의를 지탱해 온 구조를 바로잡기 위해,
우리 모두의 다음 세대를 위해, 일본 정부는 피해자들이 요구
하는 사과와 공식 배상, 책임에 나서야 한다. 그리고 일본군'위
안부' 진상 조사를 위해 협조해야 한다.

'도대체 얼마나 더 사과하란 말이냐, 수십 번 하지 않았느냐.'
는 일본의 주장은 솔직하지 못한 푸념이고 위선이다. '고노 담
화' 이후 일본 정부는 단 한 번도 피해자들의 입장에 서지 않았
다. 피해자들이 '이제 되었다, 용서한다.'고 할 때까지 사과하는
것이 맞다.

한국 정부의 책임도 가볍지 않다. 1965년 '한일청구권협상'
에서부터 2015년 '한일 위안부 합의'까지, 역대 한국 정부의 행
보 또한 비판받아야 할 부분이 많다. 현재 일본 정부는 우파의
'역사전'을 노골적으로 지지하는 반면 한국 정부는 2015년 한
일 위안부 합의를 무효로 돌렸다. 이 때문에 일본군'위안부' 문
제 해결은 더욱 꼬이고 복잡해졌다.

하지만 복잡할수록 더욱 선명하게 드러나는 길도 있는 법이
다. 바로 일본군'위안부' 피해자들이 밝혀 놓고 닦아 놓은 길이
다. 세계 각지를 다니며 스스로 피해자임을 용기 있게 증언하

고, 또 다른 피해자들을 돕기 위해 나선 분들, 사람들은 그분들에게 존경과 친근함을 담아 '할머니'라고 불렀다. 김복동, 길원옥 할머니는 정대협과 함께 일본과 미국, 유럽 각지를 돌며 위안부 문제 해결을 호소하는 운동을 하면서, 수요시위에 찾아오는 세계 각국의 사람들을 만나면서, 한국의 미군 기지촌에서 성을 수탈당한 여성들을 만나면서, 군의 성폭력에 의한 여성들의 희생이 계속되고 있음을 알렸다.

'일본 정부한테 배상금을 받으면 지금도 전시하에서 성폭력 피해를 받고 있는 여성들에게 모두 주고 싶다.'는 김복동 할머니의 소망에 정대협은 2012년 전시하 성폭력 피해를 본 각국 여성들을 지원하기 위한 '나비기금'을 만들었다. 이 기금은 2012년부터 분쟁 중인 콩고의 성폭력 피해 여성들을 위한 지원 활동을 시작했고, 1년 후인 2013년부터는 베트남전쟁 때 한국군의 성폭력 피해를 입은 여성들과 그 아이들을 위한 지원도 시작했다. 그리고 한국 정부가 책임 있는 조치를 취하도록 촉구하는 운동을 벌이고 있다.

여기서 '할머니'들이 우리에게 보여 주는 길을 찾을 수 있을 것이다. 아픈 과거를 함께 기억하며 오늘의 비극을 막기 위해 국경을 넘어 연대하는 것이다.

…… 역사의 진실을 회피하지 않고, 오히려 이것을 역사의 교훈으로 삼아 직시해 가겠다. 우리는 역사연구, 역사교육을 통하여, 이와 같은 문제를 영원히 기억에 남겨, 똑같은 과오를 되풀이하지 않는다는 굳은 결의를 새롭게 표명한다. (고노 담화)

일본 정부는 고노 담화의 약속을 새롭게 기억하는 데서 출발해야 한다. 그리고 우리는 위안부 피해자 '할머니'들이 모두 세상을 떠난 뒤, 무엇을 어떻게 할 것인지 차분하게 생각해야 한다. 무엇보다 일본군'위안부'를 기억하는 것이 폭력과 혐오를 넘어선 인권과 평화에 대한 염원임을 마음에 새겨야 한다. 그러기 위해 전쟁이라는 것, 그 자체가 범죄라는 사실을 기억해야 한다.

- 함께 이야기할 거리-
○ 일본군'위안부' 부정과 부인 외에 '역사 부정'의 사례로 무엇이 더 있을까? 이에 대해 어떻게 대응해야 할까?
○ 일본의 사례를 교훈 삼아 우리에게 주어진 '역사적 책임'을 다하기 위해, 지금 고민하고 실천해야 할 일은 무엇일까?
○ 내가 제안하는 함께 이야기할 거리: _____
_____

일본군 위안부 수업,
그리고 못다 한 이야기

> 과거를 기억하지 못하는 사람들은 그 과거를 되풀이한다.
>
> (철학자, 조지 산타야나)

> 일본과 한국의 젊은 세대가 과거에 일본이 저질렀던 일을 알
> 았으면 합니다. (일본군'위안부' 피해자, 김학순)

2020년 2학기 〈역사교육론〉 수업은 코로나19 감염병 사태
로 인해 한 학기 내내 '온라인 화상회의실'에서 진행됐다. 그 때
문에 개인 활동지부터 소감문, 보고서 등 학생 개인 과제도 많
았다.

역사 부정과 일본군'위안부'가 주요 수업 주제였다. 4.15 총
선 직후 '정의기억연대' 사태로 충격을 받은 데다, 대구 지역 인

사인 이용수 씨의 발언을 둘러싼 논란이 격해지던 때라 다소 예민한 쟁점들이 불거지기도 했다.

한 달 동안의 수업을 마친 뒤, 일본군'위안부'에 대한 사전 지식과 정보, 관심의 폭과 깊이가 제각각이었던 학생들은 거의 이구동성으로 '많이 안다고 생각했지만, 그것은 나의 착각'이었다고 고백했다. 익숙함이 곧 앎을 뜻하지 않음을 깨달았다는 것이다. 일본군'위안부'를 탐구의 대상으로 삼을 수 없는 '성역'으로 인식하고 있었다는 한 학생의 고백은 충격적이었지만, 우리 사회가 일본군'위안부'를 호명하는 방식에 비추어 보면 충분히 그럴 수 있는 일이었다.

　이제까지 저는 어쩌면 일본군'위안부'라는 단어가 가지고 있는 그 무게에 눌려서 저 스스로 관련 사항들을 제대로 바라보고 알아 가려 하지 않았던 것 같다는 생각이 듭니다. 지금 생각해 보면 그 문제가 저에겐 일종의 성역이 되어 버린 듯합니다. 그리고 부끄러움이 점점 커졌습니다. …… (○○○, 16학번)

일본의 역사수정주의와 일본군'위안부'에 대한 부정 논리를 알아 가면서 '너네가 다 그렇지!'라고 무시하거나 일단 혐오와 분노부터 쏟아 내던 자신을 돌아보게 되었다는 반응도 많았다. '그들의 의도'를 알고 난 뒤 차분하게 논리적으로 반박하고 싶어졌다는 것이다.

나는 무작정 일본 우익들의 주장이나 아베 정권에 대해 비판을 가하고 그들이 일본군'위안부'를 부정하는 건 옳지 않다며 말해 왔었다.…… 왜 역사를 부정해 왔는지 알게 되니까, 모든 상황을 객관적으로 이성적으로 바라볼 수 있게 되었다. 일본이 역사를 부정하고 수정하는 이유는 그들의 새로운 지향점과 관련이 있으며 역사를 부정함으로써 기대하는 효과 때문이다. …… 알고 나니 오히려 그들의 주장을 하나하나 반박해야겠다는 생각이 들었으며, 또한 그들의 역사 부정이 얼마나 잘못된 결과로 흐를 것인지 조금이나마 예상할 수 있었다. (□□□, 16학번)

학생들은 증언 자료를 읽으며 감정적으로 힘들어했다. 그러면서도 피해자의 증언이 곧 역사적 사실이 되지 않으며, 증언이 증거가 되기 위한 학문적 과정이 있다는 것과 피해자의 아픔에 공감하는 것을 구분해서 접근했다. "그런 일을 겪지 않는 우리가, 그 일을 가르친다는 것이 옳을까요?"라는 윤리적 딜레마에 봉착하기도 했다. 그러면서 일본군'위안부' 문제가 자신들의 생각보다 훨씬 방대하고 복잡하며 심각하다고 느끼며 위안부 문제에 대한 시야가 넓어지기 시작했다는 데서 보람을 찾기도 했다. 수업에서 학생들이 쏟아낸 질문들 가운데 일부를 추려 보면 다음과 같다.

- 일본군'위안부' 피해자들을 위해 어떤 단체들이 (정의연 제외) 활동했으며 무슨 일을 했을까?
- 일본군'위안부'는 민족 문제가 아니라 세계사적 문제인데, (나는) 왜 몰랐을까?
- 일본군'위안부' 문제에 대한 한국 정부의 지금까지 대처 방식은 적절했나?
- 피해자 모두를 만족시킬 수 있는 일본군'위안부' 문제의 해결 방법이 있을까?
- 베트남전 민간인 학살, 라이따이한 문제를 어떻게 해야 할까?
- 한국군'위안부'도 일본군'위안부' 못지않게 관심을 가져야 할 문제가 아닐까?

- 애국심과 과거사의 반성은 공존할 수 있는가?
- 역사수정주의와 역사 부정은 어떻게 구분할 수 있는가?
- (피해자) 증언은 어떻게 역사의 진실이 될 수 있는가?
- 전쟁범죄란 무엇이고, 이것을 배우는 개인에게 어떤 의미가 있는가?

학생들의 말과 글에는 일본군'위안부'를 비롯한 과거사 문제가 지금까지 역사교육에서 어떻게 다뤄져 왔는지 그대로 드러났다. '익숙하지만 아는 게 별로 없다.'거나 '그렇게 복잡한 문제인 줄 미처 몰랐다.'는 반응은 일본군'위안부'를 역사적 사실보다, '담론'으로 다뤄 온 우리 역사교육의 부끄러운 성적표이다.

학생 상당수는 역사 부정 행위가 '2차 가해'라는 점에 새롭게 눈을 떴다. 그리고 지금도 버젓이 벌어지는 역사 부정 행위를 무심히 바라보고 있다면, 자기도 2차 가해에 동조하는 사람이 될지도 모른다는 사실을 충격적으로 받아들였다. 홀로코스트 생존자 엘리 위젤, 《난징의 강간》의 저자 아이리스 장은 누군가가 대참사의 희생자가 되고 있을 때 무심하게 외면하던 대중이 가장 큰 상처를 주었다고 말했다. 해방 이후 반세기 가까이

'침묵과 무관심'을 견뎌야 했던 일본군'위안부' 피해자들도 같은 아픔을 겪었을 것이다. 편안함과 이익을 잠시 접어 두고, '불편한 일'을 외면하지 않고 함께 해결하고자 다른 사람들과 연대하며 스스로 할 수 있는 일을 찾는다는 것은 결코 쉽지 않기 때문에 소중하고 아름답다.

가르치는 사람에게 수업은 늘 '이렇게 했어야 했는데……'라는 아쉬움을 남긴다. 일본군'위안부' 수업도 그러했다. 피해의 기억을 몸과 마음에 안고 평생을 견뎌 낸 '할머니'들의 삶은 '위안부'라는 표현으로도, '성노예'라는 표현으로도 제대로 담을 수 없다는 것, 그 건조한 개념으로 '피해자는 이런 것이다.'라고 단정해서는 안 된다는 것에 대해 함께 이야기해 보고 싶었다.

국적이 다르고, 전쟁터로 동원되었을 때의 나이도, 상황도, 해방 이후 살아 온 삶도 제각각인 '할머니'들의 생각이 어떻게 같을 수 있을까? 자신이 당한 고통을 기억하고, 해결 방안을 찾은 것에 대한 의견도 다를 수 있다. 그래서 피해자가 희망하는 '위안부 문제의 해결 방법'을 찾는다는 것이 너무나 어려운 일이라는 것, 그런 일이야말로 국가가 나서서 끈기 있게 풀어가야 한다는 것, 그래서 대한민국 정부의 역할이 중요하다는 것도 짚어야 할 문제였다.

일본군'위안부'를 '성역'으로 느껴 왔음을 깨달았다는 학생의 고백을 통해 과거를 기억하고 기념한다는 것에 대해 생각해 볼 수 있었다. 따지고 보면 '역사 교과서'도 과거를 기념하는 한 가지 방식이고, 역사교육은 공동체의 과거 속에서 중요한 무엇인가를 선택하고 함께 기억하도록 하는 것이다. 국가나 지역의 기념일에 거행되는 의식과 의례, 박물관과 기념관의 전시를 통해서도 '중요한 과거'를 기념하고 '잊지 말자고 약속하며' 함께 기억한다. 그런 의미에서 역사교육은 학교 안과 밖에서 동시에 이뤄진다. 일본군'위안부'라는 과거사는 〈평화의 소녀상〉과 수요시위를 통해 기념, 기억된다. 노란색 나비도 위안부의 고통과 인권을 향한 삶의 의지를 떠올리게 하는 상징이다. 지금까지 우리가 일본군'위안부'를 어떻게 기념하고 기억해 왔는지, 앞으로는 어떻게 해야 할지에 대해서도 학생들과 이야기를 나눠 보고 싶었다.

일본군'위안부'라는 과거사를 왜, 어떻게 기념하고 기억할지는 누가 결정할까? 정부일까? 교과서일까? 운동 단체일까? 아니다. 최종 결정권은 바로 그 기억의 주체인 시민에게 있어야 한다. 기념의 방식도 시민이 의미 있게 받아들일 수 있어야 한다. 서로 생각하는 바가 다를 수도 있으니, 너와 내가 다양한 아이디어를 내놓고 함께 머리를 맞대고 의논하는 일이 점점 더 중요해진다. 격식을 갖춰 정중하게 기념하는 일도 필요하겠지만, 조금쯤 가볍고 발랄하게 기념해도 나쁘지 않다. 입에서 입으로 전해지며 마음을 묶어 낼 수 있는 노래라면 어떨까? 가사를 짓고 노래하는 사람이 나누고 싶은 일본군'위안부'의 의미가 풍부해질수록, 우리의 기억도 다채로워지고 풍부해지지 않을까?

수업을 준비하면서 우연히 일본군'위안부'를 주제로 한 가요가 여러 곡 있다는 사실을 알게 됐다. 민족, 슬픔, 상처, 위로, 한 맺힘을 노래하는 애잔한 곡들 사이에서, 아픔을 모두의 유산으로 받아 안아, 예술의 영감으로, 인권의 상징으로 일본군'위안부'를 기억하겠다는 랩, 〈her〉(래퍼 MinZi)가 눈에 띄었다. 독일 베를린의 홀로코스트 메모리얼을 배경으로 랩과 가사가 흐르는 영상이었다.

(……)

her 그대여 그대는 나의 muse
잃어버린 미소를 내 맘 속에 보여줘
먼 그 옛날에 끔찍했던 아픔

다 씻어내길 간절히 기도해 위로해

u 여기에 남은 내가 우리가

그대의 삶을 말하고 또 노래할테니

TILL I'm. gone 그댄 행복하길 부디

(……)

지난 시간의 아픔은 여기에

우리에게 유산으로 남긴 채

krONOS의 유산 죠슈아의 우산

잊지 않으리

2021년 올해는 코로나 19가 물러나 우리가 기념하고 기억하고 싶은 일본군'위안부'에 대한 이야기를 학생들과 더 많이 나눠 볼 수 있으면 좋겠다. 그 이야기 속에서 훗날 학생들이 역사교사가 되었을 때, 그다음 세대 학생들과 엮어 갈 새로운 위안부 이야기를 엿볼 수 있으면 좋겠다.

초고 읽기, 수업 아이디어 나눔, 늦은 밤 커피와 두통약 심부름까지, 남편이자 역사 교사 조한경이 있었기에 이 모든 것이 가능했다.

도서 자료

가와다 후미코, 오근영 옮김, 《빨간 기와집》, 꿈교출판사, 2014.

강선주, 〈역사교육에서 젠더에 접근하는 개념적 틀〉, 《역사교육연구》 제8호, 한국역사교육학회, 2008.

강성현, 《탈진실의 시대, 역사부정을 묻는다》, 푸른역사, 2020.

강정숙, 《일본군'위안부', 알고 있나요?》, 독립기념관 한국독립운동사연구소, 2015.

강정숙, 〈일본군'위안부'제의 식민성 연구〉, 성균관대학교 박사학위논문, 2010.

강정숙, 〈일제권력기관의 조선인 군위안부 동원〉, 《일제 강점기 한국인의 삶과 민족운동》, 한일관계사연구논집편찬위원회 편, 경인문화사, 2005.

국민대학교 일본학연구소, 《의제로 본 한일회담》, 도서출판 선인, 2010.

국사편찬위원회, 《네덜란드군 정보국(NEFIS)문서》, 국사편찬위원회, 2019.

권명아, 《역사적 파시즘-제국의 판타지와 젠더 정치》, 책세상, 2005.

권윤덕 글·그림, 《꽃할머니》, 사계절, 2010.

권주리애, 《Remember Her 일본군 성노예제 피해자 1. 김복동》, 북코
　　리아, 2018.

권주리애, 《Remember Her 일본군 성노예제 피해자 2. 이옥선》, 북코
　　리아, 2018.

권주리애, 《Remember Her 일본군 성노예제 피해자 3. 이용수》, 북코
　　리아, 2018.

권주리애, 《Remember Her 일본군 성노예제 피해자 4. 강일출》, 북코
　　리아, 2018.

권주리애, 《Remember Her 일본군 성노예제 피해자 5. 길원옥》, 북코
　　리아, 2018.

김경일 외, 《동아시아 일본군'위안부'연구》, 한국학중앙연구원출판부,
　　2017.

김광열 번역·공저, 《일본 시민의 역사반성 운동》, 도서출판 선인, 2013.

김귀옥, 《그곳에 한국군'위안부'가 있었다》, 도서출판 선인, 2019.

김부자·김창록·나카노 토시오·오카모토 유카·이타가키 류우타 편저,
　　김창록·이제수 옮김, 《'위안부' 문제와 미래에 대한 책임》, 민속원,
　　2018.

김선남·김순악, 《김순악 내 속은 아무도 모른다카이》, 일일사, 2008.

김세진, 《평화의 소녀상을 그리다》, 보리, 2018.

김육훈, 〈2015 교육과정 이후 역사교육을 위한 상상력〉, 《역사교육논
　　집》 제74집, 역사교육학회, 2020.

김인호, 《태평양전쟁과 조선사회》, 신서원, 2014.

김종성, 《반일 종족주의, 무엇이 문제인가》, 위즈덤하우스, 2020.

김한종 지음, 《민주사회와 시민을 위한 역사교육》, 서울대학교출판문화
　　원, 2017.

나카노 도시오·김부자, 이애숙·오미정 옮김, 《역사와 책임》, 도서출판 선인, 2008.

나카지마 가제, 《지워지지 않는, 기억》, 3월의나무, 2020.

동북아역사재단 편, 《일본군'위안부' 문제와 일본의 역사수정정책》, 동북아역사재단, 2018.

동북아역사재단 일본군'위안부'연구센터 편, 《일본군'위안부' 문제 자료집(1)》, 동북아역사재단, 2020.

동북아역사재단 일본군'위안부'연구센터 편, 《일본군'위안부' 자료 목록집[1]》, 동북아역사재단, 2018.

동북아역사재단 일본군'위안부'연구센터 편, 《일본의 전쟁기억과 평화기념관 1,2》, 동북아역사재단, 2009.

동북아역사재단 편, 《제2차 세계대전의 여성피해자》, 동북아역사재단, 2009.

모리카와 마치코, 김정성 옮김, 《버마전선 일본군'위안부' 문옥주》, 아름다운사람들, 2005.

미네기시 겐타로, 박옥순 옮김, 《천황의 군대와 성노예》, 당대, 2001.

박명희, 《미디어의 보도 동향과 한·일관계》, 국립외교원 외교안보연구소, 2017.

박유하, 《제국의 위안부》, 뿌리와이파리, 2013.

박정애, 《함께 쓰는 역사 일본군'위안부'》, 동북아역사재단, 2020.

방선주, 〈미국 자료에 나타난 한인 '종군위안부'의 고찰〉, 《국사관논총》 제37집, 국사편찬위원회, 1992.

방지원, 〈공감과 연대의 역사교육과 과거사 문제, 성찰적 역사교육을 위한 시론〉, 《역사교육연구》 제28호, 역사연구교육학회, 2017.

방지원, 〈기억의 정치와 역사부정, 역사교육은 어떻게 대처할까〉, 《역사와 세계》 제58집, 효원사학회, 2020.

배춘희·박유하, 《일본군 위안부, 또 하나의 목소리》, 뿌리와이파리, 2020.

번 벌로·보니 벌로, 서석연·박종만 옮김, 《매춘의 역사》, 까치, 1992.

쁘라무디야 아난따 뚜르, 김영수 옮김, 《인도네시아의 '위안부'이야기》, 동쪽나라, 2019.

서울대 인권센터 전진성 연구팀, 《끌려가다, 버려지다, 우리 앞에 서다 1,2》, 푸른역사, 2018.

세종대학교·호사카 유지, 《일본의 위안부문제 증거 자료집 1》, 황금알, 2018.

송연옥·김귀옥 외, 《식민주의, 전쟁, 군'위안부'》, 도서출판 선인, 2017.

스즈키 유코, 이성순·한예린 옮김, 《일본군 위안부 문제와 젠더》, 나남, 2010.

쑤즈량 외, 손염홍 옮김, 《상하이 지역 일본군 위안소》, 동북아역사재단, 2019.

안병직 번역·해제, 《일본군 위안소 관리인의 일기》, 이숲. 2013.

안세홍 사진·글, 《나는 위안부가 아니다》, 글항아리, 2020.

안세홍, 《겹겹》, 서해문집, 2013.

안연선, 《성노예와 병사만들기》, 삼천리, 2003.

야마구치 도모미 외, 임명수 옮김, 《바다를 건너간 위안부》, 어문학사, 2017.

야스다고이치, 이재우 옮김, 《일본'우익'의 현대사》, 오월의봄, 2019.

얀 루프-오헤른, 최재인 옮김, 《나는 일본군 성노예였다》, 삼천리, 2018.

역사교육연구소, 《역사의식조사, 역사교육의 미래를 묻다》, 휴머니스트, 2020.

오누마 야스아키, 정현숙 옮김, 《일본은 사죄하고 싶다》, 전략과문화,
2008.

와다 하루키, 정재정 옮김, 《일본군'위안부' 문제의 해결을 위하여》, 역사
공간, 2016.

요시미 요시아키, 남상구 옮김, 《일본군'위안부' 그 역사의 진실》, 역사공
간, 2013.

요시미 요시아키, 이규태 옮김, 《일본군 군대위안부》, 소화, 1998.

우에노 지즈코, 이선이 옮김, 《위안부를 둘러싼 기억의 정치학》, 현실문
화, 2014.

우에노 지즈코·아라라기 신조·히라이 가즈코 엮음, 서재길 옮김, 《전쟁
과 성폭력의 비교사》, 어문학사, 2020.

유용태·박진우·박태균, 《함께 읽는 동아시아 근현대사 2》, 창비, 2010.

윤명숙, 최정원 옮김, 《조선인 군위안부와 일본군 위안소제도》, 이학사,
2015.

윤미향, 《20년간의 수요일》, 웅진주니어, 2010.

윤미향, 《25년간의 수요일》, 사이행성, 2016.

이경훈, 《쟁점 한일사》, 북멘토, 2016.

이만열, 〈1930·40년대 조선 여성의 존재 양태〉, 《국사관논총》 제89집,
국사편찬위원회, 2000.

이석태 외, 《일본군 위안부 문제》, 민족문제연구소, 2009.

이시카와 이쓰코, 손지연 옮김, 《일본군'위안부'가 된 소녀들》, 삼천리,
2014.

이영채·한홍구, 《한일 우익 근대사 완전정복》, 창비, 2020.

이영훈 외, 《반일종족주의》, 미래사, 2019.

이인재, 《건국절과 소녀상》, 혜안, 2017.

이철우 외, 《누구를 위한 역사인가》, 푸른역사, 2020.

이타가키 류타·김부자 엮음, 배영미·고영진 옮김, 《'위안부'문제와 식민지 지배 책임》, 삶창, 2016.

이토 다카시 글·사진, 안해룡·이은 옮김, 《기억하겠습니다》, 알마, 2017.

일본군'위안부'문제연구소 편, 《덧칠된 기록에서 찾은 이름들》, 한국여성인권진흥원 일본군'위안부'문제연구소, 2019.

일본군'위안부'문제연구소 편, 《일본군'위안부' 관련 번역자료집》, 한국여성인권진흥원 일본군'위안부'문제연구소, 2019.

일본의 전쟁 책임 자료센터 엮음, 강혜정 옮김, 《일본의 군'위안부' 연구》, 서강대학교출판부, 2011.

임지현, 《기억 전쟁》, 휴머니스트, 2019.

전국역사교사모임(한국)·역사교육자협의회(일본), 《마주보는 한일사Ⅲ》, 사계절, 2014.

전쟁과 여성 대상 폭력에 반대하는 연구행동센터 엮음, 김경원 외 옮김, 《그들은 왜 일본군'위안부'를 공격하는가》, 휴머니스트, 2014.

정신대할머니와함께하는시민모임, 《내가 어떻게 말을 해요, 어무이 가슴에 못 박을라꼬》, 도서출판 춤, 2009.

정신대할머니와함께하는시민모임, 《버려진 조선의 처녀들》, 아름다운 사람들, 2004.

정진성 편, 《일본군'위안부'관계 미국 자료1,2,3》, 도서출판 선인, 2018.

정진성, 《일본군 성 노예제》, 서울대학교출판부, 2016.

정혜경 외, 《반反대를 론論하다》, 도서출판 선인, 2019.

조윤수, 《일본군'위안부'》, 동북아역사재단, 2019.

차경애, 〈1900년 전후 동북아 3대 전쟁과 군위안소〉, 《중국근현대사연구》 제44집, 한울, 2009.

최재호·이성호·윤세병, 《한국이 보이는 세계사》, 창비, 2011.

최호근, 《기념의 미래》, 고려대학교출판문화원, 2019.

캐롤라인 노마, 유혜담 옮김, 《'위안부'는 여자다》, 열다북스, 2020.

캐슬린 배리 지음, 정금나·김은정 옮김, 《섹슈얼리티의 매춘화》, 삼인, 2002.

키쓰 바튼·린다 렙스틱 지음, 김진아 옮김, 《역사는 왜 가르쳐야 하는가》, 역사비평사, 2017.

테사 모리스 스즈키, 김경원 옮김, 《우리 안의 과거》, 휴머니스트, 2006.

한국정신대연구소 외, 《강제로 끌려간 조선인 군위안부들 5》, 풀빛, 2001.

한국정신대문제대책협의회, 《일본군'위안부'문제의 책임을 묻는다》, 풀빛, 2001.

한국정신대문제대책협의회 20년사 편찬위원회 엮음, 《한국정신대문제대책협의회 20년사》, 한울아카데미, 2014.

한국정신대문제대책협의회진상조사연구위원회, 《일본군'위안부' 문제의 진상》, 역사비평사, 1997.

한국정신대연구소·한국정신대문제대책협의회 편, 《강제로 끌려간 조선인 군위안부들 1,2,3》, 한울, 2014-2018.

한국정신대문제대책협의회 부설 전쟁과여성인권센터 연구팀, 《역사를 만드는 이야기》, 여성과인권, 2004.

한국정신대문제대책협의회, 《2000년 일본군 성노예전범 여성국제법정 자료집》, 여성부 권익기획과, 2004.

한국정신대문제대책협의회, 《일본군'위안부' 신문기사 자료집》, 여성부

　　권익기획과, 2004.

한국정신대문제대책협의회,《일본군'위안부'관련 국제기구 권고 자료
　　집》, 여성부 권익기획과, 2004.

한국정신대문제대책협의회,《히로히토 유죄》, 한국정신대문제대책협의
　　회, 2007.

한국정신대연구회,《중국으로 끌려간 조선인 군위안부들 2》, 한울, 2003.

호사카 유지,《신친일파》, 봄이아트북스, 2020.

후지메 유키, 김경자·윤경원 옮김,《성의 역사학》, 삼인, 2004.

후지타 히사카즈, 박배근 옮김,《전쟁범죄란 무엇인가》, 산지니, 2017.

히라이 미쓰코, 윤수정 옮김,《위안부 문제를 아이들에게 어떻게 가르칠
　　까?》(일본 편), 생각비행, 2020.

吉見義明,《買春する帝國　日本軍「慰安婦」問題の基底》, 岩波書店 ,
　　2019.

坪川宏子·大森典子,《司法が認定した日本軍「慰安婦」》, かもがわ出版,
　　2011.

戸塚悅朗,《日本が知らない戰爭責任》, 現代人文社, 2008.

Maki Kimura, *Unfolding the 'Comfort Woman' Debates: Modernity,*
　　Violence, Women's Voices, Palgrave Macmilan, 2016.

Peipei Qui, with Su Zhiliang and Chan Lifei, *Chinese Comfort*
　　Woman Testimonies from Imperial Japan's Sex Slaves,
　　Oxford University Press, 2014.

Yonson Ahn, *Whose Comfort? Body, Sexuality and Identities of*
　　Korean 'Comfort Women' and Japanese Soldiers during WW
　　II, World Scientific Publishing Co.Pte. Ltd, 2020.

인터넷 사이트 자료

- 동복아역사자료센터 https://hflib.kr/#/
- 동북아역사넷 http://contents.nahf.or.kr/index.do
- 아시아여성기금 디지털기념관
  https://www.awf.or.jp/k-guidemap.htm
- 여성가족부 일본군'위안부' 피해자 e-역사관 채널
  https://www.youtube.com/channel/UCmx03_BHx-
  IVzjTCAmncuAA
- 일본군'위안부'문제연구소 아카이브 8.14.
  https://www.archive814.or.kr/
- 일본군'위안부'문제연구소 웹진 '결' http://www.kyeol.kr/

사진 자료 출처

경향신문 21

나눔의집·일본군'위안부'역사관(http://www.nanum.org) 106, 107, 130

서경덕 46

전쟁과여성인권박물관(http://www.womenandwarmuseum.net)
　　15(위), (아래: 조승근), 19, 50, 135, 137, 160, 174

연합뉴스 37, 208

위키피디아 28, 41, 58, 67, 72, 148, 203

일본군'위안부' 피해자 e-역사관 91, 109, 123, 129

히라이 미쓰코 211

찾아보기